**20세기 회사 예절
21세기 사원 매너**

• • • 눈치 보긴 싫지만 센스는 있고 싶어 • • •

20세기 회사 예절

21세기 사원 매너

신혜련 지음 | 김태균 그림

THE NAN
더난콘텐츠

"회사 생활, 예의가 밥 먹여준다"
이 책이 꼭 필요한 신입사원 유형

① 완벽주의에 빠진 야근쟁이

집에 안 가는 부장님을 따라서 야근의 세계에 입문한 유형. 저녁이 있는 삶보다 일의 성과를 인정받는 쪽을 택한다. 저녁 식대로 간단히 식사를 때우고 내 모든 노동력을 회사에 바쳐 이 한 몸 불사지르겠다고 다짐하지만 얼마 못가 만성 소화불량과 햇빛을 쬐지 못해 생기는 비타민 D 결핍증이 찾아올지도 모른다.

② 책 잡히기 싫은 소심쟁이

누군가 본인의 이름만 불러도 깜짝 놀라며, 조금이라도 쓴소리를 들으면 집에 가서 일기장에 쓸 정도로 두고두고 마음에 새기는 유형. 회의 시간이 되면 긴장한 나머지 발언 중에 떨리는 목소리를 어찌지 못하고, 상사가 무심코 던진 말에 상처를 받아 끙끙대기도 한다. 다들 나만 미워한다는 생각으로 피해의식에 사로잡히기 쉽다.

③ 대답부터 하고 보는 예스맨

일단 시원하게 대답해놓고 차일피일 미루다가 닥치면 몰아서 일하는 유형. 눈치 100단이기 때문에 오늘 상사의 기분 상태를 민감하게 체크해서 혹시라도 불똥이 튈 것 같은 날에는 수면 아래로 바짝 엎드린다. 상사가 가장 기분이 좋아 보이는 타이밍에 보고서를 제출하는 등 잔머리를 굴리는 데도 능하다. 상사는 만족스러울지 몰라도 동료들의 원성을 살 우려가 있다.

④ 사직서를 품고 다니는 반항맨

노사 간에 평화는 없다는 생각으로 일하는 유형. 회사에서 자신에게 무엇을 해주는지가 중요하고, 상사에게 조금이라도 마음에 들지 않는 구석이 있으면 이직할 만한 회사를 빨리 알아보기 시작한다. 어디를 가나 성격에 안 맞는 사람, 마음에 들지 않는 회사 문화 등으로 정착하지 못한 채 제대로 경력을 쌓을 틈도 없이 메뚜기 신세가 될 수도 있다.

⑤ 영혼을 집에 두고 온 월급루팡족

피하지 못할 거면 몰래 즐기자는 유형. 틈틈이 온라인 쇼핑을 하거나 인터넷 커뮤니티 게시글을 읽으며 회사에 대한 원망을 은밀하게 해소하곤 한다. 누군가 자신의 모니터를 볼 것을 대비해 재빨리 화면을 전환하는 단축키 사용에 능하고, 뒷담화를 즐긴다. 메신저를 사용하다가 실수로 상사의 욕을 상사에게 잘못 보내는 바람에 화를 입을 염려가 있다.

⑥ 체계와 질서에 무감각한 천둥벌거숭이

몰라서 못하는 것은 죄가 아니라는 마음으로 기본 매너부터 착실하게 무시하는 유형. 해맑아 보이는 모습 뒤에는 '내가 하는 것이 곧 기본'이라는 대책 없는 고집과 무신경한 마음이 숨어 있다. 단 표정 관리에 미숙하다. 수평적인 조직에 대한 비현실적인 환상을 품고 있는 경우가 많으며, 최소한의 예절마저도 권위주의의 잔재라 여긴다. 깐깐한 상사 앞에서 자신도 모르게 싫은 기색을 나타냈다가 핀잔을 들을 위험이 언제나 도사린다.

차례

성공적인 20.5세기 회사 생활을 위하여

20여 년 전, 대학을 졸업하기도 전인 4학년 봄에 강사로서 직장생활을 처음 시작한 나에게 일보다 더 어려웠던 것은 바로 센스와 매너였다. 일은 배우고 지시받은 대로 똑 떨어지게 하면 됐지만 매너는 단번에 배울 수 있는 게 아니었다. 명함은 어떻게 주고받는지, 대상에 따라 상황별로 인사는 어떻게 해야 하는지, 경조사에 참석할 때 무엇을 고려해야 되는지….

이 모든 애매하고 복잡한 상황에서 어떻게 처신해야 하는지를 정확히 알려주는 사람은 없었다. 매번 어깨너머로 배우는 것도 한계가 있었고, 알려주는 사람마다 조금씩 기준이 다르기도 해서 오히려 더 헷갈렸다. 상사와 미팅에 동행하거나 교육 담당자와 둘이 있을 때면 더욱 긴장되곤 했다. 존재감이 별로 없는 듯한 내 모습에 위축되고 자신감을 잃기도 했다. 예의, 센스, 매너 등이 업무를 매끄럽게 하는 윤활유 역할을 할 뿐만 아니라 일의 성과를 내는 데 화룡점정이 된다는 것을 그때는 제대로 실감하지 못했다.

두 번째 직장에서는 신입사원의 티를 벗으며 조금 나아졌지만 여전히 어려움이 있었다. 아니, 오히려 부담되는 상황이 많았다. 이전보다 사업장의 규모가 큰 대기업이었기 때문에 일의 규모도 커졌고 매너를 갖추어야 할 자리가 많아졌다. 실질적인 업무뿐만 아니라 처세에 신경을 쓰는 일도 많아졌다. 물론 일도 매너도 시간이 흐르고 실수를 해가며 하나둘 파악하기 시작했지만, 누군가 적재적소에 알맞게 가이드를 해주었더라면 이런저런 시행착오 없이 조금은 더 당당하게 회사 생활을 할 수 있었을 것 같다. 내가 신입사원 교육에서 특별히 신경을 쓰는 것도 바로 이런 부분이다. 내 앞에 앉아서 귀를 기울이고 있는 신입사원들이 과거에 내가 했던 마음고생을 조금이라도 적게 할 수 있도록 돕는 일이 바로 나의 일이고, 이 책 역시 그런 의도에서 썼다.

신입사원 교육을 하면서 그들이 느끼는 고충을 들어보면 아직도 많은 회사에서 20세기형 회사 예절을 중시한다. 큰 규모의 회사이거나 공기업일수록 이런 경향이 강하다. 그중에는 시대착오적인 항목이 있는가 하면, 시간이 지나도 변하지 않는 최소한의 예의범절도 있다. 그곳의 직원들 중에는 20세기 문화에 익숙한 사람이 있는가 하면 21세기에 태어나 자란 지극히 현대적인 신입사원도 있다. 그러니 회사 전체로 보자면 우리는 20.5세기를 살고 있는 셈이다. 그렇기 때문에 관리자급 직원과 이제 갓 회사에 입사한 직원 간에 오해가 생긴다. 심지어는 서로를 원망하고 흉보기도 한다. 불통은 곧 업무 지연이나 창의력 저하로 이어지고, 이는 회사 전체의 생산성 측면에서도 어마어마한 손해이다. 또한 보기 싫어도 매일 얼굴을 마주해야 하는 사이끼리 갈등에 속이 썩는 것도 정신건강에 좋지 않다. 오죽하면 출근길이 도살장에 끌려가는 소가 된 느낌이라고 하소연하는 사람이 있겠는가.

이 책에 나오는 몇몇 내용들은 21세기를 사는 젊은 사원들에게 어쩌면 거부감을 줄 수도 있겠다. 또한 20세기부터 사회생활을 해온 분들은 어딘지 모자라는 듯한 느낌을 받을 수도 있을 것이다. 그러나 회사는 개인의 영웅적이고 천재적인 머리만으로 굴러가지 않는다. 다양한 배경과 특기를 가진 이들의 협업을 통해서 큰그림을 완성해나간다. 그러니 당연한 얘기지만 서로 조금씩은 양보하는 마음을 가지는 것이 필요하다. 어느 한쪽이 다른 쪽을 압도하는 식으로 에너지의 불균형이 발생하면 쓸데없는 기싸움과 패배감이 생기고 결국 모두의 손해로 이어진다. 수많은 업무 관계에 윤활유를 흐르게 하고 능률을 올리는 것은 결국 소통의 질이다. 이제 갓 부푼 꿈을 안고 회사에 출근하게 된 신입사원이 평판과 실속 모두를 잡기 위해서는 이 책이 꼭 필요할 것이다. 어찌 보면 시시콜콜할 수도 있지만 회사 생활을 하는 데 기본이 되는 모든 것들을 담았다. 이 책이 상식과 매너가 통하는 사회를 만드는 데 일조할 수 있기를 바란다.

세 번째 책이 나올 수 있도록 도움 주신 분들께 감사의 인사를 전한다. 먼저 하나님께 감사드린다. 그리고 많은 배려와 응원을 해준 가족들, 2002년을 시작으로 강의를 통해 함께했던 모든 교육생, 마지막으로 더난출판사 임직원분들에게도 감사의 말씀을 드린다.

신혜련

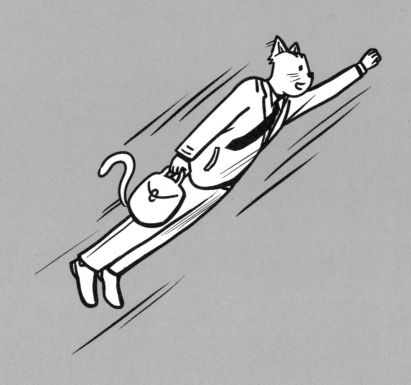

제1장

—

마음은 반드시
몸에 드러난다

_마인드 매너

01

후광이 비치는
신입사원의 비밀

신입사원으로서 첫 근무를 시작한 지 이제 막 3개월 차에 접어든 오난감 사원은 최근 고민이 이만저만이 아니다. 자신의 입사 동기이자 같은 팀에 소속된 최우량 사원은 어쩌다 실수를 해도 좋게 상황이 마무리되는데, 자신은 아주 작은 실수라도 번번이 상사의 질책을 면치 못하는 일이 잦기 때문이다. 오난감 사원은 최우량 사원의 번듯한 외모가 호감을 사서 그럴지도 모른다고 생각하다가도 출근길 유리문에 비친 자신의 모습을 보면 '나도 그리 빠질 것 없는데!' 하는 마음이 든다. 그렇다고 학벌이나 지연이 영향을 주는 것 같지도 않다. 도대체 최우량 사원의 비밀은 무엇일까.

사람 마음은 다 똑같다. 어딜 가나 신임받는 사원은 단지 외적으로 호감형이라서 그런 것이 아니라 작은 행동부터 말투까지 다르다는 것을 조금만 자세히 관찰하면 알 수 있다. 그에게는 과연 어떤 장점이 있을까. 칭찬받는 신입사원의 비밀을 한번 알아보자.

호랑이는 토끼를 잡을 때도 최선을 다한다

신입사원 시절에는 큰일보다는 자잘한 서류정리, 회의 준비 등 흔히 '잡무'라고 불리는 일들을 처리하게 된다. 입사 후 각종 인쇄 작업, 회의실 정리, 식당 예약, 차 대접, 기타 심부름 등을 하면서 드는 생각은 '내가 이러려고 그 힘든 자격증을 취득하고 취업 준비를 했단 말인가?'일 것이다.

그러나 모든 일에는 때가 있다. 미술을 배울 때도 처음에는 단순한 선 그리기에서 시작하는 것처럼 이왕 하는 거 신입사원이라면 마음을 비우고 처음부터 시작하자. 잡무에 부려진다고 생각하지 말고 기초체력을 쌓는 과정이라 생각한다면 어떨까? 처음부터 대형 프로젝트를 지휘하는 사람은 없다. 우러러 보이는 선배들도 처음에는 작은 일들을 통해 알게 모르게 기본기를 익힌 사람들이다. 호랑이는 토끼를 잡을 때도 최선을 다한다고 하지 않던가. 그러니 처음에 배정받는 잡무도 허드렛일이라 생각하지 말고 성실하게 하자. 경험이 쌓여 실력이

되는 날이 온다. 언젠가 큰 책임감으로 대형 프로젝트를 진행하게 되는 순간이 오면 잡무를 보던 때가 그리워질 날이 올 것이다.

상대에 따라 카멜레온처럼 화법을 달리한다

상대의 말투를 가만히 관찰하면 그가 어떤 사람이고, 주로 어떤 식으로 사고하는지가 보인다. 때로는 같은 말을 했는데 서로 받아들이는 부분이 달라 커뮤니케이션에 혼선이 오기도 한다. 그러므로 신입사원일 때는 사람들이 주로 어떤 식으로 말을 하는지를 잘 관찰해, 그 사람에게 최적화된 말투로 상대를 대하는 것이 좋다. 돈 안 들이고 상대를 내 편으로 만들 수 있는 마법은 상대방의 기호에 맞는 말씨를 사용하는 것이다. 이는 단순히 아부라기보다는 인간적인 배려에 속한다. 마치 영혼의 옷을 여러 벌 가진 사람처럼, 정글에서 살아남는 카멜레온처럼 상대의 특성에 맞는 대응을 하는 것이다.

성격이 급한 상대에게는 '바로', '빠르게'라는 단어를 사용해 단도직

입적으로 분명하게 말하도록 한다. 사교적이고 유머 감각이 있는 상대라면 리액션을 포함한 적극적인 공감어를 사용한다. 상대가 배려심이 많고 조용한 편이라면 나 또한 나긋한 말투로 상대의 속뜻이 무엇인지 살피며 말한다. 상대가 철두철미한 완벽주의자라면 육하원칙은 아니어도 요일, 시간, 이유 등을 포함해 구체적으로 말한다.

순간에 모든 진심을 다한다

우리는 하루에도 몇 번씩 인사를 한다. 그런데 인사에는 말뿐인 인사와 진심을 다한 인사가 있다. 의무적으로 하는 인사는 조직 문화를 딱딱하게 만들고, 자칫 겉과 속이 다른 사람이라는 평가를 받는 원인이 될 수 있다. 고개만 까딱하는 인사, 하는 둥 마는 둥 하는 인사, 무표정한 인사, 턱을 들어 하는 인사, 머리를 쓸어 넘기며 하는 인사, 큰 소리로 아는 체하며 하는 인사, 생명력 없이 고객만 숙이는 인사 등 제대로

격식을 갖추지 않은 인사는 안 하느니만 못한 것이다. 신입사원에게 인사는 기본 중의 기본이라 할 수 있고, 인사만 잘해도 충분히 좋은 평가를 얻을 수 있다. 인사는 나라는 존재를 각인시킬 수 있는 그 무엇보다 좋은 기회이다.

열심히 일하고 있다는 것을 열심히 알린다

어떤 일이든 묵묵히 맡은 바 최선을 다하면 언젠가는 그동안에 기울인 노력에 대한 보상이 따라온다는 것은 누구나 한 번쯤 들어본 얘기다. 그런데 정말 그럴까? 물론 열심히 일하다 보면 언젠가는 자신의 업무에 대한 노하우가 생겨 자신감이 붙게 되고, 자신의 실력과 노력을 알아주는 이들이 생길 수도 있다. 때로는 자신의 잠재력을 이끌어내줄 평생의 멘토를 만나게 되기도 할 것이다. 하지만 그렇지 않은 경우도 있다.

회사 일은 학창시절에 열심히 노력해서 좋은 성적을 내는 것과는 조금 다르다. 내가 먼저 열심히 하고 있다는 것을 어떤 식으로든 어필하지 않으면 나의 노력과 성과가 축소 평가될 수 있다. 똑같은 성과를 두고 어떤 사람은 일을 하는 과정과 더불어 결과에 이르게 된 상황을 세세히 보고하는데, 어떤 사람은 그저 어떤 일을 했다 정도로만 전달하면 결과적으로 보고를 받는 입장에서는 자기 어필을 좀 더 확실하게 하는 사람이 일을 더 열심히 했다는 인상을 품게 된다. 하지도 않은 일에 대해서 한 것처럼 꾸미거나 다른 사람의 공으로 돌아가야 할 일을 가로채는 것이 아니라면, 자신이 맡은 업무에 대해 어떤 노력을 기울였는지에 대해서 제대로 티를 내는 것도 중요하다. 인정받는 사원이 되려면 매 순간 나의 노력과 수고를 증명하고 자신이 맡은 일에 대한 영향력을 드러내 보일 수 있어야 한다.

아플 때 더욱 신뢰를 쌓는다

어쩌다 한 번 몸살이 나거나 감기에 걸리는 것은 어쩔 수 없지만, 잘못된 생활 습관, 지나친 음주 등으로 잦은 결근과 병가를 내는 사원은 좋은 평가를 받기 어렵다. 게다가 자주 자리를 비우게 되면 당신이 해야 할 일을 다른 누군가가 대신 해야 하는 상황이 벌어진다. 혼자서 아프고 괴로운 것으로 끝나지 않는다.

우리 몸이 업무상 한가할 때를 골라 아파주면 고맙겠지만 그럴 수 없을 테니, 몸이 아프다면 더 심각해지기 전에 병원에 가는 게 낫다. 그렇다고 근무 중에 갑자기 "병원 다녀오겠습니다"라고 통보하듯이 말하고 나갈 것이 아니라 병원을 가기 전 상황을 먼저 살펴봐야 한다. 최소한 그럴 만한 정신이 남아있다는 가정하에 급히 처리해야 할 업무는 없는지, 자리를 비워도 되는지 확인해야 한다. 선배에게 상황을 설명하고 언제쯤 자리를 비우는 게 좋을지 병원 예약을 하기 전에 먼저 물어보는 게 좋다. 지속적으로 병원을 다녀야 할 경우에는 상사에게 그 사실을 알려 향후 업무에 최대한 지장을 주지 않도록 하자.

센스가 몸에 베어 있다

신임받는 신입사원이 되기 위해서는 센스가 좋아야 한다. 센스는 오감뿐 아니라 육감까지 활짝 열어두고 상대의 입장에서 배려하고 처신하는 태도이다. 센스가 있으면 움직임이 다르다. 센스는 상대방의 필요를 먼저 배려하고 채워주는 감각이다. 업무에 지친 동료에게 비타민 음료나 커피를 선물하는 것, 회식 준비 시 선배들의 식성과 성향에 맞추어 식당을 예약하는 것, 선물을 준비할 때에도 평소 어떤 것을 좋아하는지 파악해둔 정보를 활용하는 것 등이 센스다.

라포 형성이 탁월하다

조직에서 살아남을 수 있는 무기는 단지 나만의 업무 능력이 아니다. 내가 속한 조직에 잘 흡수되어 그로 인해 시너지를 만들어내는 것 또한 능력이 될 수 있다. 일을 시작할 때, 배울 때, 어려움에 처해 있을 때 좋은 관계를 맺은 누군가가 나의 구원자가 될 수 있다. 관계 형성에서 중요한 것은 바로 라포 형성이다. '라포(Rapport)'란 서로 간의 상호 신뢰를 말한다. 즉, 마음이 통하여 어떠한 일이라도 털어놓고 말할 수 있거나 머리와 가슴으로 이해하는 상호 관계를 말한다. 사회에서 만난 사람도 나이를 초월하여 좋은 친구가 될 수 있다. 좋은 친구가 있는 회사는 조금은 덜 삭막하고 보다 일하기 좋은 공간이 될 것이다. 내가 먼저 다른 사람에게 좋은 인상을 주고 또 원만한 관계를 지속할 수 있도록 하자.

02

선을 넘지 않기 위해서는
선을 알아야 한다

오난감 사원은 대학 시절, 동아리 회장을 맡아 눈부신 리더십으로 구성원을 이끌던 때를 떠올렸다. 취업을 위한 스터디를 할 때도 다정하고 친화력이 좋은 성격 덕분에 알짜배기 구직 관련 정보들을 누구보다 빨리 접하기도 했다. 오난감 사원은 고대하던 합격 소식을 듣고 첫 출근을 하면서 언젠가 사무실에서 없어서는 안 될 사람이 되고야 말겠다는 야심을 품었다. 그러나 기대가 무너지는 것은 한순간이었다. 오난감 사원은 모두가 자신을 따르던 시절은 이제 끝났다는 것을 실감했다. 회사는 동아리가 아니었다. 오난감 사원의 장점이었던 누구에게나 스스럼없이 다가가는 사교술은 오히려 직장 내에서 적절한 선을 지키지 못한다는 평으로 돌아왔다. 그렇다고 웃음기를 쫙 빼고 일만 하자니 로봇이 된 듯한 기분에 어색하기 그지없었다. 어느 날 한 직장 상사는 오난감 사원에게 "매너와 에티켓을 지키는 게 좋아"라고 충고를 하기도 했다. 오난감 사원의 눈은 휘둥그레졌다. 자신이 예의가 없는 사람이라는 말을 하는 것처럼 들렸기 때문이다. 도대체 매너와 에티켓은 무엇이라는 말인가.

오랫동안 취업 준비생으로서 공부를 했던 사람이 하루아침에 사회에 적응하기란 쉽지 않다. 그러나 학교나 학원과는 달리 사회는 근본적으로 이윤을 창출하는 집단이다. 사회 초년생이라면 자신이 우선 아마추어가 아닌 프로라는 인식을 가지고 언행과 업무 처리 능력, 소통의 기술 등을 끊임없이 갈고닦아야 한다.

제발 아무데서나 큰일을 보지 마시오

매너의 어원은 라틴어의 'manuarius'로 손, 습관, 행동의 'manus'와 방식, 방법의 'arius'가 합쳐진 복합어이다. 즉, 매너란 사람마다 갖고 있는 행동 방식, 습관을 말한다.

에티켓의 유래는 고대 프랑스어의 동사 'estiquier(붙이다)'로 예의범절을 뜻한다. 이와 관련해서는 여러 가지 설이 있다. 먼저, 궁전 출입이 가능한 입장권(ticket)에 적힌 예의범절이 에티켓이 되었다는 설이 있다. 또 다른 설은 화장실이 없었던 베르사유 궁전에 방문객들이 정원에서 용변 보는 것을 저지하기 위해 관리인이 용변을 보는 곳을 가리키는 표지판을 세웠고, 이를 루이 14세가 지키도록 명령하여 '예의를 지키다'로 해석되었다는 말도 있다.

매너와 에티켓의 미묘한 차이

매너는 일반적인 예의이고 에티켓은 최소한으로 지켜야 할 도리 정도로 구분하면 되겠다. 즉, 에티켓은 화장실에서 볼일을 본 뒤에 물을 내리는 행위다. 모두가 상식적으로 하고 있고 해야만 하는 일이다. 이에 비해 매너라는 것은 화장실에서 문을 열고 나오기 전에 혹시라도 다음 사람이 불쾌하지는 않을지를 신경 쓰고 문을 열기 전에 뒤를 돌아볼 줄 아는 마음이다. 회사 생활을 할 때 웬만해서는 대부분 에티켓을 지킬 줄 안다. 하지만 매너의 영역에서는 크고 작은 혼란이 생긴다. 마음이 담긴 행위에는 정답이 없기 때문이다.

매너	에티켓
존중과 배려	상식
좋다/나쁘다	있다/없다
방식(Way)	형식(Form)

Manner Plus

"매너가 사원을 만든다"

한 영화에 "매너가 사람을 만든다"는 구절이 나온다. 사회에서는 내 성격에 맞는 사람들하고만 일을 할 수가 없다. 때로는 보기 싫은 얼굴도 봐야 하고, 마냥 함께 할 수 있을 것 같던 입사 동기나 존경하는 선배와도 언젠가는 헤어져야 한다. 비록 '일을 하는 것'이 가장 중요하다고 해도 사회생활을 하면서 사적인 감정을 완전히 배제하기란 불가능하다. 다양한 군상들이 모여 조직을 이루는 만큼 서로 간의 충돌을 완화하고 불필요한 갈등을 최소화하기 위해서는 서로가 매너와 에티켓을 갖추는 것이 중요하다.

서비스의 시대

요즘 대부분의 직종에는 금융 서비스, 유통 서비스, 항공 서비스, 민원 서비스 등과 같이 '서비스'가 붙는다. 이제는 모두가 공무원이라고 해도 예외가 아니다. 생활 수준이 높아짐에 따라 차별화된 서비스로 고객을 만족시키고자 하는 공공기관과 기업체가 늘어나고 있다. 고객의 니즈를 반영한 제품 출시는 물론 기대 이상의 서비스를 제공하여 고객을 감동시키려 한다. 이러한 가운데 서비스 제공자의 매너와 에티켓은 날로 중요해진다. 호텔, 백화점, 항공사, 은행, 레스토랑을 포함하여 사람을 응대하는 곳이라면 이제 매너와 에티켓은 필수이다.

제2장

—

나의 시그니처,
나만의 분위기
만들기

_이미지 매너

03

첫인상이 만들어지는
오묘한 원리

꿈에 그리던 회사에 첫 출근을 하던 날, 이상해 사원은 다른 입사 동기들과는 다른 개성을 뽐내고 싶었다. 다음 날에 입을 옷은 전날 밤부터 이런저런 코디를 미리 해놓을 정도로 평소 패션과 꾸미기에 관심이 많은 그였기에, 첫 출근길은 마치 런웨이를 걸어가는 모델의 기분처럼 설레임이 가득했다. 평소보다 더 많은 양의 비비크림을 바르며 너무 과한가 싶은 생각이 들었지만 적어도 대충 하고 왔다는 인상보다는 낫겠거니 하고 생각했다. 눈썹의 잔털도 전날 밤 말끔히 정리한 상태였다. 사무실을 배정받고 입사 첫날을 맞이한 이상해 사원. 그런데 그가 걸어갈 때마다 사람들의 시선은 이상해 사원의 발목에 꽂혔다. 이상해 사원이 신은 초록색 양말이 검은 정장 차림에서 지나치게 도드라져 보였기 때문이다. 양말을 본 입사 동기들은 이상해 사원에게 '그린 삭스'라는 별명을 붙였고, 입사 후 1년이 지나도록 이상해 사원에게는 엉뚱하고 톡톡 튀는 사람이라는 막연한 이미지가 따라다녔다. 이상해 사원은 척척 어려운 일을 카리스마 있게 해내는 사람이 되고 싶었지만 어딘지 엉뚱한 사람이 된 것 같아 속상하기만 했다.

하나를 보면 열을 안다는 말이 있다. 우리는 사람을 대할 때 행동, 말투, 걸음걸이 등을 일일이 분석하면서 종합적인 판단을 내리지는 않는다. 한눈에 어떤 느낌을 받으면서 순간적으로 판단을 내리게 된다. 첫인상이 뇌리에 박히게 되면 그것을 바탕으로 그 사람의 모든 것들을 규정하게 되기도 한다. 그러므로 신입사원에게 첫인상이 중요하다는 것은 두말하면 잔소리이다.

초두효과, 최초의 기억이 당신을 지배한다

초두효과(Primary Effect)란 처음에 강하게 들어온 정보가 상대방의 전체적인 이미지를 형성하는 데 절대적인 영향을 미친다는 것이다. 미국의 사회심리학자 솔로몬 애쉬(Solomon Ash)는 실험 참가자들에게 A와 B의 성격에 대한 정보를 내용은 같게, 순서만 다르게 해서 제공했다.

그 결과 실험 참가자들은 A에게 더 호감을 가졌다. A에 대해서는 '똑똑하다'는 정보를 먼저 제시했고 B에 대해서는 '질투심이 많다'는 정보를 먼저 제시했더니 참가자들이 A에게 좀 더 긍정적인 인상을 받은 것이다. 이는 단지 정보의 총량이 아니라 어떤 정보를 먼저 받아들이는지 여부로 전체 평가가 달라진다는 것을 뜻한다. 이처럼 첫인상은 다시 수정해서 보일 수 없기 때문에 만반의 준비로 첫인상을 남기는 것이 중요하다.

당신은 끊임없이 맥락에 의해 판단된다

맥락효과(context effect)란 처음에 주어진 정보가 나중에 주어진 정보를 해석하는 잣대가 되는 것을 말한다. 첫인상이 좋은 신입사원이 지각이라도 하게 되면 '무슨 안 좋은 일이 생겼나?' 하고 걱정을 하는 반면 첫인상이 안 좋은 신입사원이 지각을 하면 '어제 밤새 술 먹고 늦잠 잤나 보네'라고 생각하게 되는 것도 이런 맥락효과 때문이다.

이렇게 굳어진 첫인상을 뒤집기 위해서는 앞에 제시된 정보의 200배가 넘는 정보가 필요하다고 한다. 또한 한번 주어진 첫인상을 긍정적인 방향으로 바꾸기 위해서는 그 사람을 수십 번 만나고 그 이외에도 많은 시간과 노력을 들여야 한다고 하니 이왕이면 처음 만나는 시간에 공을 들이는 편이 쉽겠다.

상대방을 읽는 데 필요한 시간은 단 몇 초

"뇌의 편도체는 0.017초라는 짧은 순간에 상대방에 대한 호감과 신뢰 여부를 판단한다."

- 미국의 뇌과학자 폴 왈렌 교수

소개팅으로 상대를 만났을 때, 이 사람과 카페에 나가 식사를 할 것인지, 아니면 핑계를 대서라도 가능한 빨리 그 사람과 헤어질지에 대

한 판단이 단번에 섰던 경험이 있는가? 아마 많은 이들이 첫눈에 호감과 비호감 여부를 판단할 것이다. 말을 나누기도 전에 그 사람만 보고도 이런 결정을 내릴 수 있다니 놀랍지 않은가? 단 몇 초면 상대를 알 수 있다.

04

첫인상을 만들 때
동원되는 감각

이상해 사원은 동기 몇몇과 함께한 비공식 회식 자리에서 자신이 한동안 '그린 삭스'라는 별명으로 불렸다는 사실을 알게 되었다. 그뿐만이 아니었다. 비비크림을 너무 과하게 바른 게 아닌가 잠시 걱정했던 첫 출근날의 우려대로, 한 동기가 '처음 봤을 때 얼굴만 둥둥 떠다니는 것 같아서 무서웠다'고 너스레를 떠는 것이 아닌가. 이상해 사원은 그날 맥주를 마시며 '나는 매우 진지한 사람이다'라는 점을 강조하려고 노력했지만, 이상해 사원이 말을 할 때마다 동기들은 유머로 받아들이고 재미있어했다. 이상해 사원은 사람들의 뇌리에 기대와는 다른 방향으로 자신의 첫인상이 굳게 박힌 것을 실감했다. 그러고 나서 주위를 둘러보니 과연, 자신이 느낀 첫인상에서 크게 달라진 사람이 없음을 깨달았다. 깊은 대화를 나누지 않아도 인상만으로 그 사람의 성격과 이미지가 드러난다니, 놀라운 일이었다.

미국의 사회학자 앨버트 메르비안(Albert Mehrabian) 박사는 상대방에게 이미지를 주는 데 영향을 미치는 요인이 시각적 요소 55퍼센트, 청각적 요소 38퍼센트, 언어적 요소 7퍼센트로 구성된다고 했다. 시각적 요소는 외적으로 보이는 것으로 헤어스타일, 표정, 복장, 제스처 등이며 청각적 요소는 음성, 음색, 말투 등이다. 마지막으로 언어적 요소는 대화 내용이 주는 느낌이 되겠다.

얼굴 근육도 '홈트'가 필요하다

우리는 스튜어디스, 간호사, 안내원 등 일상적으로 누군가와 얼굴을 마주하는 일을 하는 사람들만 표정 관리를 해야 한다고 생각하지만 그렇지 않다. 짧은 인사를 주고받을 때, 점심 식사를 할 때, 퇴근 인사를 주고받을 때 등 다양한 순간에 우리는 알게 모르게 얼굴을 맞대며 소통을 하고 있다. 때로는 진심을 다해서 상대를 대했다고 생각하지만 그에 맞는 표정이나 말투가 따라주지 않아서 오해를 사기도 한다. 우리는 연예인이 아니기에 누군가 모니터링을 해줄 수도 없다. 그러니 한 번쯤 거울 앞에 서서 회사에서 주로 주고받는 말들을 해보자. '내 표정이 이렇게 어색했나' 하는 생각이 들 것이다. 헤어스타일이나 제스처에 신경을 쓰는 것만큼, 얼굴 근육에도 홈트가 필요하다.

헤어스타일

표정

제스처

05

결국은
보이는 것으로 판단한다

이상해 사원의 옆자리에는 김모범 대리의 책상이 있다. 김모범 대리는 출근과 동시에 항상 물티슈로 주위에 먼지가 앉을 만한 곳을 꼼꼼히 닦는다. 피로 회복을 위해 챙겨 먹는 영양제는 라벨이 정면에서 보이도록 종류별로 각이 맞추어져 있고, 책꽂이에는 각종 파일이 일체의 군더더기 없이 깔끔하게 일렬로 정돈되어 있다. 이상해 사원은 김모범 대리의 책상과 너무도 대조적인 자신의 책상을 내려다보며 '너무 맑은 물에는 물고기가 없다고 했어. 사람이 조금은 여유를 가져야지' 하면서 자기 위안을 삼곤 했다. 그러던 어느 날, 김 대리가 이상해 사원에게 면담을 요청했다. 김 대리가 특별히 이상해 사원에게 요청한 것은 다음과 같다.

-한숨 쉬지 말기

-다리 떨지 말기

-흥얼거리지 말기(이상해 사원 스스로도 몰랐던 습관)

-흡연 후 손을 씻고 들어오기

이상해 사원은 그동안 김 대리가 자신 때문에 엄청난 스트레스를 받고 있었다는 것을 전혀 모르고 있었다.

마음은 반드시 몸에 드러난다. 삐뚤어진 넥타이, 다림질이 덜 된 셔츠, 전날 먹은 술 냄새가 배어 있는 재킷을 입은 사람이 있다. 그의 책상은 오래전에 버렸어야 할 서류가 쌓여 있고, 심지어 컴퓨터 바탕화면은 각종 폴더와 파일들로 가득 채워져 있다. 이런 사람이 과연 업무를 체계적이고 빈틈없이 처리할 수 있을까? 아마도 많은 이들이 의문을 제기할 것이다. 자기 자신을 가다듬을 줄 아는 능력은 곧 업무 처리로 이어진다. 출근 시 공식적인 정장을 착용하지 않아도 다른 사람이 자신을 보았을 때에는 거슬림 없이 단정해 보여야 한다.

성공적인 회사 생활을 위한 비주얼 체크

- 은은한 샴푸향까지는 아니어도, 단정하고 청결한 헤어스타일 유지하기
- 실컷 말끔하게 면도를 한 뒤에 삐죽 솟은 코털을 간과하지 말기
- 지난밤 회식 자리에서 김치찌개 국물이 튄 옷을 다음 날 또 입지 말기

- 바지 주머니에 스마트폰이나 소지품 등을 넣어서 불룩하게 다니지 말기
- 구두에 먼지가 앉지 않도록 하고 뒷굽이 닳았을 때는 그때그때 교체하기
- 여성의 경우, 치마를 입을 경우에는 스타킹에 구멍이 나지 않도록 조심하기
- 장기간 서 있는 일을 하는 경우에는 발이 편하고 안정감 있는 신발 신기
- 사무실 내에서 슬리퍼를 신는 경우에는 질질 끌면서 다니지 않기
- 넥타이를 느슨하거나 삐뚤게 매지 않고 계절에 맞는 셔츠를 입기
- 주위 사람들이 신경을 쓸 정도로 과도하게 향수를 뿌리지 않기
- 정신없이 업무에 몰두하는 사이 얼굴이나 차림새가 흐트러질 수

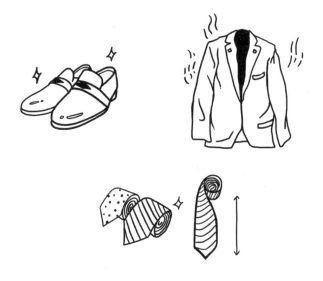

있으므로 가끔씩 작은 거울을 통해 자신의 모습을 확인해보기
- 외근, 출장 등 회사 대표로서 외부인을 만날 때에는 특별히 넥타이나 단추 등 차림새에 좀 더 신경을 쓰기
- 워크숍, 오리엔테이션 등에 참여할 때는 장소에 맞는 편안하고 단정한 옷 입기

책상은 곧 제2의 얼굴이다

- 먼지가 쌓이면 호흡기 및 면역력에 좋지 않으므로 2~3일에 한 번은 컴퓨터 및 책상 닦기
- 다 마신 테이크아웃 커피잔이나 쓰레기는 눈에 보이는 대로 바로바로 치우기
- 각종 파일 및 서류들은 찾기 쉽도록 일목요연하게 정리해 꽂아두기
- 파쇄해서 버릴 서류들을 다른 서류와 분리해서 보관했다가 처리하기
- 가습기나 방향제 등은 다른 자리에 피해를 주지 않도록 신경써서 사용하기

06

실장님표 슈트빨은
어떻게 탄생하는가

이상해 사원이 입사 2년 차에 접어들 무렵, 회사에는 신입 직원들이 대거 들어왔다. '나도 저럴 때가 있었지' 하면서 잔뜩 얼어 있는 신입사원들을 보던 중, 이상해 사원은 어딘지 모르게 빛이 나는 듯한 신입 남자 사원을 발견했다. 드라마 속 재벌 2세처럼 말쑥한 검은 정장을 입은 그는 단정하게 넘긴 헤어스타일, 차분한 걸음걸이 등 어디를 보더라도 귀티가 났다. 분명 사회 초년생일 텐데, 자신이 출근 첫날 초록 양말로 시선을 끌었던 때와 같은 시행착오 없이 너무도 자연스러운 멋을 풍기고 있었다. '역시 옷보다 중요한 것은 옷걸이, 즉 옷을 입는 사람의 몸인가…' 이상해 사원은 별로 크지 않은 자신의 키와 결코 근육질이 아닌 팔뚝, 길다고 볼 수 없는 다리 길이가 못내 아쉬웠다. 슈트빨, 이상해 사원에게 그것은 가질래야 가질 수 없는 그 무엇이었다.

드라마에 나오는 실장님들의 겉모습은 한결같이 현실감이 없다. 특히 슈트빨에 대해서는 현실 속 임원들과 너무도 괴리감이 있다. 드라마 속 능력 있는 실장님들은 왜 하나같이 슈트빨이 좋은 걸까? 단지 타고난 외모 때문일까? 아니다. 우리도 슈트빨을 기대할 수 있다. 몇 가지만 신경 쓴다면 말이다.

슈트빨은 어깨선에서 시작된다

요즘은 복장 규정이 유연해져서 전보다 더 편하게 옷을 입어도 되지만 중요한 미팅이나 행사가 있는 날에는 여전히 슈트 차림을 선호할 수 있으므로, 단정한 슈트 차림에 대해 한 번쯤 짚고 넘어가는 것이 좋겠다. 슈트는 제대로 알고 입어야 그 사람을 돋보이게 한다. 우리에게는 스타일리스트가 없으니 스스로가 알아서 잘 입어야 한다.

슈트빨은 어깨선에서 시작된다 해도 과언이 아니다. 어깨선이 잘 맞

아야 적당하게 피트되어 단정한 옷차림을 유지할 수 있다. 어깨가 꽉 끼면 답답해 보이고, 너무 크면 남의 옷을 빌려 입은 것처럼 보이므로 적정하게 맞아 불편하지 않도록 입는다.

디테일이 태도를 말한다

작은 단추 하나에도 상대방의 이미지가 결정될 수 있다. 단추가 너덜너덜한 재킷을 입은 사람을 보면 덜렁대거나 게으른 사람으로, 단추가 떨어진 재킷을 입은 사람을 보면 자기 관리에 소홀하고 왠지 꼼꼼하지 않은 사람으로 보일 수 있다. 중요한 자리에 입을 재킷이라면 단추가 제자리에 있는지 꼭 확인한 후에 착용해야 한다.

2버튼 슈트

최근에는 바지 길이가 점차 짧아지고 있다. 짧은 바

3버튼 슈트

살짝 덮을 정도가 적당하다

지가 젊어 보이고 때로는 트렌디해 보일 수는 있어도 정중함은 덜할 수 있으므로 클래식한 슈트를 입어야 할 경우라면 바지 앞단이 구두에 닿을 듯 말 듯하거나 살짝 덮는 정도로 입는 게 좋다. 또한 정장은 적당하게 피트되도록 입는 게 멋있다. 바지가 과하게 꼭 맞아 엉덩이 부분을 너무 조이거나 속옷의 색상이나 형태가 훤히 비치는 등 상대의 시선에서 서로 민망할 수 있는 부분에 대해서 신경을 쓰는 것이 좋다.

넥타이 매듭법

○ 플레인 노트 : 가장 기본적인 매듭법

○ 윈저 노트 : 공식적인 자리에 어울리는 매듭법

○ 하프윈저노트 : 윈저 노트와 플레인 노트와의 중간 크기 매듭법

○ 더블노트 : 센스 있는 멋쟁이를 위한 매듭법

꼭 정장만 입어야 하나요?

대기업 직원과 공무원들의 복장 규율은 엄격하고 보수적이기로 유명했다. 하지만 최근 출근 복장에 변화의 바람이 불고 있다. 기업은 물론 공공기관에서도 자유복이 허용되는 추세이다. 현대차는 '완전 자율복장제도'를 추진하고 대명그룹

은 '대명 용모 복장 3.0'이라고 해서 근무 복장과 용모에 자율성을 부여했다. 심지어 염색, 문신·헤나·액세서리 등을 허용하기도 했다. 삼성전자와 LG전자, CJ도 자율복장제도를 진행하고 있고 최근 금호아시아나그룹도 이를 채택해 운영할 정도로 국내 주요 기업들이 자율복장제도를 점차 추진하고 있다.

공무원 또한 이 변화의 물결에 동참했다. 서울시 교육청은 특별한 경우를 제외하고는 캐주얼 복장을 원칙으로 하고 여름철은 '반바지와 샌들 기간'으로 정했다. 창원시는 매주 수요일을 프리패션데이로 정해 노타이의 비즈니스 캐주얼 차림을 허용하고 있다. 혹서기인 7~8월에는 반바지도 허용하여 입을 수 있도록 했다. 공공기관이나 기업 모두 직접 고객·민원 서비스를 담당하거나 안전 복장이 필수인 경우에는 제한적으로 진행되기는 하지만 큰 변화인 것은 분명하다. 이는 기업의 40대 총수 시대가 불러온 바람이며 공무원의 경우에도 젊은 연령층을 대상으로 인식이 바뀌고 있는 추세를 반영한 결과물이다. 복장뿐만 아니라 호칭과 조직 문화 또한 변화되고 있다. 이제는 창의적이고 유연한 기업 문화가 필수이고 직원들의 '워라밸'이 업무에 긍정적인 영향을 미친다는 것을 누구나 알고 있다.

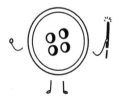

제3장

—

잘하면 보통,
못하면 표가 나는
만사의 기본

_인사 매너

07

허리 각도가
공손함의 척도는 아니다

나거만 사원은 인사를 제대로 안 하기로 사내에서 유명하다. 항간에는 그가 그렇게 뻣뻣하게 고개를 들고 다니는 까닭이 회장의 사촌 조카이기 때문이라는 소문이 돌기도 했다. 고약한 점은 나거만 사원이 사람을 봐가면서 인사를 한다는 점이다. 그가 각별히 모시는 직속 팀장 및 자신과 이해관계가 얽힌 몇몇 상사들에게는 제법 깍듯하게 고개를 숙이고 미소를 짓는다. 그러나 그 외의 사람들에게는 고개만 까딱하는 식의 성의 없는 인사를 하기 일쑤다. 사내에서 점점 나거만 사원에 대한 좋지 않은 평이 잇따르자 그 사실을 안 나 사원의 상사이자 팀장이 어느 날 조용히 나거만 사원을 회의실로 불렀다. 팀장이 나거만 사원에게 인사의 중요성을 설명하면서 되도록 좋은 말로 나거만 사원을 타일렀지만 나거만 사원은 고개를 갸우뚱거리면서 말했다. "팀장님, 그건 너무 권위적인 문화 아닌가요?" 당황한 팀장은 갑자기 말문이 막혔다. 어디서부터 어떻게 설명을 해야 할지 난감하기만 했다.

인사를 못하는 사람은 없을 것이다. 그러나 인사를 잘하지 못하는 사람은 많다. 무조건 허리를 90도로 굽히기만 한다고 해서 공손한 인사가 되는 것은 아니다. 마음만 앞서서 상황에 맞지 않는 인사를 할 경우, 오히려 상대가 부담스러워할 수도 있다. 하루에도 몇 번씩 마주치는 사람에게 만날 때마다 '안녕하세요'를 연발한다고 생각해보라. 인사에도 융통성과 스킬이 필요하다.

인사의 기본자세

① 타이밍 보지 말고 내가 먼저

직급이나 나이에 상관없이 먼저 상대를 본 사람이 인사를 건네는 것이 좋다. 때로는 상대가 나를 알아차릴 때까지 눈치를 살피면서 '인사를 해야 하나, 말아야 하나' 고민을 하다가 어영부영 하는 둥 마는 둥 할 때도 있는데 먼저 다가가 인사를 하는 적극성이 필요하다.

과한 인사

② 되도록 눈을 맞추고

타인의 눈을 바라보는 것을 어색해하고 불편해하는 사람이 있다. 하지만 잠시라도 눈을 맞추려고 노력하는 것이 좋다. 눈은 마음의 창이라고 하지 않는가. 눈빛이 상대에게 향해 있지 않은 인사는 어딘지 무성의하고, 마음이 불안한 사람처럼 보일 우려가 있다. 눈빛에는 인사를 하는 스스로에 대한 확신과 상대에 대한 배려가 담겨 있어야 한다.

③ 마음에 없는 웃음 대신 은은한 미소로

웃음은 관계를 부드럽게 만드는 최고의 묘약이다. 때로는 입술에 웃음이 서려 있는데 눈에는 웃음기가 전혀 없는 경우도 있다. 특히 회사 생활을 하면서 굳어진 비즈니스용 웃음은 어딘지 가식적이고 의례

적인 느낌을 준다. 그러므로 제대로 웃기 위해서는 거울을 보면서 자신의 웃음을 대할 사람들을 생각하며 웃는 연습을 해보는 것도 좋다. 어쩌면 자신의 표정이 이렇게 어정쩡했나 하면서 충격을 받을지도 모른다.

④ 말끝을 흐리지 않고

끝이 기어들어 가는 목소리로 인사를 하면 자신감이 없어 보이기 쉽다. 또한 무턱대고 큰 소리로 하는 인사는 눈치가 없는 사람처럼 보이게 한다. 그러므로 인사를 할 때에는 주위 소음에 자신의 목소리가 묻히지 않을 정도의 적정한 크기로 말하는 것이 중요하다.

⑤ 진심을 다하면 결국 통한다

인사의 기본이자 마지막은 역시 '진심을 담았는지' 여부가 될 것이다. 진심은 애써 말하지 않아도 태도나 눈빛, 웃음에서 우러나온다. 그래서 인사를 받는 사람도 진심을 담은 인사를 받으면 왠지 모르게 힘이 나고 기분이 좋아지는 것이고, 긍정적인 에너지를 주고받는 조직은 업무 면에서도 좋은 성과를 내는 원동력이 된다.

08

인사도 월급에 포함된다

팀장은 나거만 사원을 제대로 교육시킬 수 있는 방법을 골몰한 끝에, 팀 내에서 인사성이 밝고 매너가 좋기로 유명한 권배려 사원을 보며 직접 느끼고 배울 수 있게 해야겠다는 생각을 했다. 나거만 사원은 그때부터 팀장의 지시하에 권배려 사원을 따라다니며 한동안 2인 1조로 미팅, 출장, 외근 등을 다녔다. 권배려 사원은 하나부터 열까지 상대의 편의와 안녕을 신경 쓰면서도 상대를 부담스럽게 하지 않았다. 처음에는 시큰둥하던 나거만 사원은 팀장이 도대체 무엇을 말하고자 했는지를 조금씩 깨닫기 시작했다. 인사에도 수많은 상황별 변수가 있었고, 인사를 잘하기 위해서는 기술적인 부분을 익히는 것도 중요하지만 가장 중요한 것은 마음가짐이었다.

인사는 잘하면 기본이다. 누구나 조금만 신경 쓰면 잘할 수 있는 영역이기 때문이다. 그런 만큼 인사를 못하면 금방 표가 나기 쉽다. 일 처리에는 완벽을 기하는데 인사를 제대로 하지 못한다면 업무에 기울인 노력이 무색하게 사람에 대한 평가가 박해진다. 그러니 인사의 기본을 제대로 배우는 것이 중요하다.

인사의 종류

① 목례

- 방법: 5도 정도만 고개를 숙여서 예를 표하는 인사이다.
- 상황: 상사를 실내나 복도에서 자주 마주칠 때, 모르는 사내 사람과 마주칠 때, 통화 중에 손님이나 상사가 들어올 때, 위험하거나 복잡한 작업을 하고 있을 때 한다.

② 보통 인사

- 방법: 허리를 30도로 굽히고 시선은 전방 2미터 앞를 바라본다. 머리부터 허리까지 일직선이 되도록 한다.
- 상황: 입사 후 선배들에게 하는 첫인사이다. 윗사람이나 내방객을 만나거나 헤어질 때, 지시 또는 보고 후하는 인사이다.

③ 정중한 인사

- 방법: 허리를 45도로 굽히고 시선은 전방 1미터 앞을 바라본다.
- 상황: 깊은 감사나 사과의 표현을 할 때, 공식석상에서 높은 분을 만났을 때 하는 인사이다.

상황별 인사법

① 첫 출근을 할 때

처음으로 사무실 문을 열고 들어서던 순간은 누구나 생생한 기억으로 남아 있을 것이다. 아는 사람도 없는 낯선 곳에서 먼저 인사를 하기란 쉽지 않다. 하지만 모두에게 자신의 존재를 처음으로 어필하는 날이 므로 큰 소리로 자신감 있게 "안녕하십니까? 신입사원 ○○○입니다" 라고 인사해보자.

② 출근할 때

모든 것이 새로운 신입사원은 자칫 지루하고 뻔하게 흘러가는 회사 생활에서 레몬처럼 상큼한 역할을 하기도 한다. 보통 오전에는 피로 가 채 풀리지 않은 사람이 있기도 하고, 업무에 몰입하느라 사무실 분 위기가 좀 삭막해지기도 한다. 그럴 때 "좋은 아침입니다" 하면서 밝은 미소로 사무실에 들어서면 한결 분위기가 밝아질 것이다.

③ 외근 다녀올 때

신입사원의 행동 하나하나에는 알게 모르게 모든 이목이 집중된다. 외근을 나갔다가 올 때도 그냥 슥 들어오는 것이 아니라 방해가 되지 않는 선에서 "다녀왔습니다" 하고 인사를 하는 것이 좋다. 비록 하는 일이 그리 많지 않아 빈자리가 크지 않을 수 있지만 존재감은 확실히 다지는 게 좋다.

④ 식당에서 선배를 볼 때

직장인들이 가장 많이 하는 고민이 바로 '오늘 점심에는 뭘 먹지?'라는 우스갯소리가 있다. 회사 근처 식당은 거기서 거기인 경우가 많아 언제든 같은 팀이든 다른 팀이든 회사 사람들을 만날 가능성이 높다. 식당에서 상사를 마주쳤을 경우에는 어색한 태도를 버리고 "맛있게 드십시오"라고 인사하면서 자연스럽게 다른 테이블로 옮기는 것이 좋다.

⑤ 퇴근할 때

신입사원이라면 아무래도 업무를 파악하는 초기에는 일찍 퇴근할 수 있다. 이때 눈치가 보여 몰래 퇴근하거나 인사 없이 퇴근하기보다는 "먼저 퇴근하겠습니다" 또는 "내일 뵙겠습니다"라고 인사하자. 만약 동기나 선배가 퇴근 무렵에도 바빠 보이면 내가 도울 수 있는 일이 있을지 한 번쯤은 확인해본 후 퇴근하는 게 좋다.

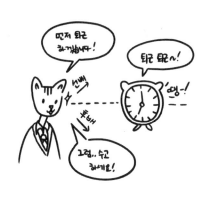

09

서로를 모르는 두 사람,
어떻게 소개해야 할까

나거만 사원과 팀장은 같은 마포구에 산다. 아이 없이 한창 신혼 생활 중인 나거만 사원이 아내와 함께 동네 대형마트에 갔을 때의 일이다. 기러기 아빠인 팀장이 수산물 코너에서 홀로 고등어의 신선도를 확인하고 있을 때 불과 몇 발자국 떨어지지 않은 곳에서 카트를 밀고 가던 나거만 사원이 팀장을 발견했다. 나거만 사원은 피차 민망하니 그냥 모른 척할까 하다가 인사에 관해 쓴소리를 들은 적도 있고 해서 용기 내어 팀장 곁으로 갔다. 인사를 한 후 나거만 사원은 자연스럽게 아내를 돌아보며 "우리 회사 팀장님이야" 하며 소개를 했다. 그 후 나거만 사원의 아내는 짧은 미소와 눈빛으로 팀장에게 목례를 했다. 그렇게 나거만 사원이 지나가고 난 뒤에 팀장은 혼란에 빠졌다. 나거만 사원이 자신의 옆에 있는 분이 여동생인지 아내인지 소개도 없이 그냥 지나친 것이다. 팀장은 헛웃음을 지으며 카트에 고등어를 담았다.

때로는 서로를 모르는 내 지인 A와 B를 소개시켜줘야 할 때가 있다. 그런데 A와 B가 동년배에 비슷한 직급이라면 편하게 소개해도 되지만, 좀 더 조심스럽게 형식을 갖춰야 하는 경우에는 올바른 소개법이 필요하다. 한마디로 보다 잘 대해드려야 할 분에게 먼저 상대를 소개한다고 생각하면 쉬울 것이다.

소개법

① 손윗사람에게 손아랫사람을 소개한다.

- 지위가 높은 사람에게 지위가 낮은 사람을 소개한다.
- 연장자에게 연소자를 소개한다.
- 선배에게 후배를 소개한다.

② 관계가 가까운 사람부터 소개한다.

- 고객(외부인)에게 회사 동료를 소개한다.
- 손님에게 가족을 소개한다.

③ 소개 후에 직접 인사를 나누도록 한다.

- 명함 등을 주고받는 시간을 가진다.
- 어색하지 않게 친절히 두 사람을 대한다.

10

악수는 악력의 대결도,
기싸움도 아니다

나거만 사원은 학창시절에 꽤 오래 주짓수를 배운 적이 있다. 온몸을 써서 하는 주짓수 덕분에 나거만 사원은 전체적으로 다부진 몸을 가지고 있었고, 웬만해서는 술자리에서 시비도 잘 붙지 않을 정도로 듬직한 편이었다. 그런데 문제는 나거만 사원이 악수를 할 때에도 운동을 하듯이 한다는 점이었다. 마치 기싸움이라도 하는 것처럼 나거만 사원은 상대의 손을 쥘 때 힘을 주는 버릇이 있었다. 오랜 친구 사이라면 장난스럽게 힘찬 악수를 주고받는다지만, 거래처 중 특히 협력업체 같은 경우에는 본사에서 위세를 부린다는 오해를 살 수도 있었다. 아니나 다를까 거래처에 미팅을 나간 나거만 사원이 악수를 주고받으며 담당자와 인사를 나누는데, 담당자가 뼈 있는 농담을 했다. "비즈니스 자리에서 힘 자랑이 너무 과하신데요?" 나거만 사원은 그제야 아차 싶었다.

수백 년 전 잉글랜드에서 손에 무기가 없다는 것을 증명하기 위해 악수를 했다고 한다. 과거에는 왼손 소매에 무기를 숨기곤 했기에 왼손으로 악수를 했으나 시간이 흘러 오른손으로 바뀌었다. 오른손이 검을 잡는 손이었기 때문이라고 한다. 또한 초반에는 손목을 잡고 악수를 했으나 점차 손을 잡는 것으로 변했다.

악수 순서

악수는 전 세계인의 공통된 인사법이다. 세계 정상들이 모였을 때 악수를 하는 모습을 자주 보았을 것이다. 이때 정상들이 악수하는 모습이 구설수에 오르거나 미담으로 작용하는 경우가 있다. 악수를 어떻게 하느냐에 따라 상대방에 대한 마음가짐이나 태도를 어렵지 않게 짐작할 수 있기 때문이다. 악수의 기본은 바로 악수 순서이다.

- 윗사람이 아랫사람에게: 상사에게 덥석 악수를 하자고 손을 내미는 일이 없도록 하자.
- 여성이 남성에게: 상대가 여성일 경우에, 악수를 청해오면 하는 것이 예의이다.
- 기혼자가 미혼자에게: 결혼을 한 사람이 먼저 악수를 청한다.
- 선배가 후배에게: 선배가 먼저 악수를 청한다.

악수 방법

악수는 서양 인사법으로 한 손으로 하는 것이지만 우리나라 정서상 신입사원이 한 손으로 상사와 악수를 하면 무례하게 보일 수 있다. 따라서 오른손은 상대방과 맞잡고 왼손은 상의 옷자락에 올려놓거나 오른손을 받치는 자세로 하는 게 좋다. 악수는 서서 마주 보고 하는 것이 기본이다. 이때 바라보는 두 눈과 얼굴에는 미소를 띄운다. 상사가 손을 뻗어 악수를 청하면 너무 힘을 주거나 빼지 않은 상태로 적당하게 힘을 주어 두세 번 흔든다. 서양식 악수는 허리를 곧게 세우고 하나 우리나라에서는 아랫사람이 허리를 숙이고 악수를 하는 게 예의 바르게 보인다.

- 적당한 거리(Distance): 다짜고짜 코앞에서 악수를 청하는 일이 없도록 하자.

- 눈맞춤(Eye-contact): 손을 응시하는 것이 아니라 상대의 눈과 잠시라도 마주치도록 하자.

- 미소(Smile): 은은한 미소를 띄우며 호감을 표현하자.

- 적당한 힘(Power): 너무 꽉 쥐는 것보다 적당히 힘 있는 손짓이 좋다.

- 리듬(Rhythm): 손을 흔들 때는 상대와 리듬을 맞추도록 하고, 일방적으로 흔드는 일이 없도록 하자.

11

손짓, 발짓, 몸짓은
거짓말을 못한다

회사에 입사한 지 1년이 다 되어갈 무렵, 나거만 사원은 이제 사내에서 좀 '사람이 되었다'는 평을 받을 정도로 달라졌다. 팀장도 그런 나거만 사원을 보면 흐뭇했고, 그렇게 나거만 사원의 회사 생활에는 서광이 비치는가 싶었다. 그러던 어느 날 오후, 나거만 사원이 팀장을 찾아 왔다. "팀장님, 저 반차를 좀 쓰고 싶은데요." 나거만 사원의 말을 들어보니 친구의 아버지가 세상을 떠났다는 것이다. 그런데 뭔가 이상했다. 나거만 사원은 한 손으로 코를 만지며 팀장과 눈을 마주치지 않은 채로 어정쩡하게 선 모습이 어쩐지 뒤가 켕기는 느낌을 강하게 풍겼다. 아니나 다를까, 오후 반차를 신청하고 친구 아버지의 장례식장에 참석하겠다는 나거만 사원의 모습은 어쩐지 선을 보러 가는 사람처럼 말끔하고 단정했다. 그날 저녁, 카페와 맛집이 많기로 유명한 가로수길에 약속차 가게 된 팀장은 어느 삼겹살집 유리문에 비친 나거만 사원을 보았다. 그는 고기를 뒤집으면서 쉴 새 없이 웃음을 짓고 있었다. 팀장은 혹시라도 나거만 사원과 눈이 마주쳐 어색한 상황이 될까 봐 황급히 자리를 피하며 실소를 터뜨렸다.

"인간관계에서 제일 중요한 것은 보디랭귀지다"라는 말이 있다. 입은 거짓말을 하고 있어도 우리의 몸은 사실 그대로를 나타내는 경우가 있다. 일부 비언어커뮤니케이션 전문가들은 이러한 이유로 거짓말 탐지기로도 잡아내지 못하는 범죄자들의 거짓말을 알아채는 경우가 있다. 대기업 인사 담당자들 중에서도 몇몇 저서(《FBI 행동의 심리학》등)나 인터넷 콘텐츠들을 통해 몸짓 언어를 연구하고 면접 시에 이를 참고하는 경우가 있으니 주의해야겠다.

손에도 표정이 있다

사람들이 결백을 주장할 때 손바닥을 보이며 말하는 것을 볼 수 있다. 마음을 열고 대화하는 사람들도 마찬가지이다. 반대로 거짓말을 하는 남자는 손을 주머니에 넣고 말을 하거나 손바닥을 보이지 않는 경우가 다반사이다. 또한 어린아이가 거짓말을 하거나 무엇인가를 숨길 때 손바닥을 등 뒤로 감추는 것을 볼 수 있다.

팔이 보내는 메시지

만약 상대방이 팔짱을 끼고 있다면 나에 대해 방어적인 상태 또는 내

가 하는 말에 동의하지 않는다고 생각하면 된다. 만약 가슴 쪽에서 양 팔을 잡고 있다면 불안한 상태라고 보면 된다. 보통 병원에서 대기하는 환자들에게서 자주 볼 수 있다. 만약 여성이 한 팔로 다른 팔의 바깥쪽을 잡고 있다면 자신감이 부족하거나 긴장한 상태로 스스로 위안을 주는 상태라고 볼 수 있다.

몸짓에서 읽을 수 있는 속마음

- 코 만지기: 거짓말을 할 때 손으로 코를 만진다고 한다.
- 귀 만지기: 상대방의 말을 더는 듣고 싶지 않다는 말이다.
- 목 긁기: 어떤 일에 대해 의심을 하거나 불확실한 경우 내보이는 신호이다.
- 목덜미를 때리기: 누군가의 질책에 매우 난처하다는 신호이다.
- 목을 기울이기: 만남과 대화에 편안함을 느끼고 있다는 뜻이다.
- 발을 교차했다가 풀기: 갑자기 경계심을 느끼기 시작했다는 신호이다.

12

명함은
가장 특별한 종잇조각이다

영원히 푸릇할 것만 같았던 나거만 사원도 나이를 먹고 어느덧 과장이 되었다. 3월 초, 팀 내에 들어온 신입사원들이 한창 명함을 돌리며 인사를 하던 무렵이었다. 원래 개구리 올챙이 적 생각은 못하는 법이라 나거만 과장은 주섬주섬 주머니에서 명함을 꺼내 들이미는 한 신입사원에게 훈수를 두었다. "명함을 그렇게 주면 어떡해?" 머쓱해진 신입사원이 사라지자 곁에서 지켜보던 동료 과장이 웃으며 한마디를 했다. "네가 신입일 때는 한 손으로 전단지 돌리듯 명함 돌리다가 혼났잖아." 나거만 사원은 어깨를 으쓱하며 말했다. "내가?"

명함은 사회에서 나의 포지션을 알려주는 가장 간결한 수단이다. 명함을 어떻게 다루고 또 어떠한 모습으로 수수하는지에 따라 매너의 좋고 나쁨이 결정될뿐더러, 소속한 회사뿐만 아니라 상대방의 대한 마음가짐도 엿볼 수 있다. 부디 명함을 바지 뒷주머니나 지갑에서 꺼내는 일은 없도록 하자.

명함 주고받는 법

그토록 입사하고 싶었던 곳에서 처음으로 명함을 받았을 때의 기분은 말로 다 표현할 수 없다. 외근을 나가서 명함을 주고받을 때면 왠지 더 어른이 된 것 같고 회사의 발전을 위해 파견된 특사 같은 느낌이 든다. 명함을 수수할 때에는 회사의 대표자라는 마음으로 자신감 있게 행동해야 한다. 신입사원은 명함을 사용해본 경험이 별로 없을 테니 사전에 수수하는 법을 익혀 당황하는 일이 없도록 하자.

- 방문한 곳에서는 상대방보다 먼저 명함을 건네도록 한다.

- 아랫사람이 윗사람에게 먼저 건네도록 한다.

- 소개받은 사람부터 먼저 건넨다.

- 명함은 선 자세로 교환하는 것이 좋다.

- 명함을 내밀 때는 회사명과 이름을 말하며 두 손으로 건넨다.

- 자신의 명함을 주면서 다른 한 손으로 상대방의 명함을 받는 동시 교환도 가능하다.

- 명함은 상대방이 글씨를 바로 볼 수 있도록 건넨다.

- 상대방의 명함을 받으면 공손히 받쳐 들고 부서, 직위, 성명 등을 확인한다. 읽기 어려운 글자가 있으면 바로 물어본다.

- 받은 명함은 바로 명함 지갑에 넣기보다는 테이블 오른편에 올려 놓고 필요한 내용을 확인한다.

- 명함에 기재된 연락처를 저장해둔다. 명함 저장 앱을 이용하면 편리하다.

- 받은 명함은 이 사람 저 사람 섞어서 두지 않고 규칙을 정해 찾기 편하게 모아둔다.

- 여럿이 모인 자리에서는 직급이 높은 사람뿐만 아니라 다른 이들

에게도 빠짐없이 명함을 건네며 인사를 하는 것이 좋다.

- 명함을 잊었거나 아직 명함이 나오지 않은 신입사원의 경우에는 정중히 사정을 말하며 양해를 구한다.
- 미팅 후에 명함을 준 사람에 대한 인상이나 약속 사항 등 관련 정보를 간단히 명함에 메모해도 좋다.
- 명함에 적힌 연락처나 이메일 주소가 바뀌었을 경우에는 주요 거래처 분들에게 이메일 등으로 변경 사실을 알린다.
- 퇴사 등으로 쓸모가 없어진 명함은 잘 챙겨서 안전한 방법으로 폐기 처분한다.

개성 있는 명함으로 특별해지고 싶은 사람들

직업 특성상 다양한 직종의 사람들을 만나는 일을 하는 사람들은 하루에도 몇 번씩 명함을 받게 된다. 그중 눈에 띄는 디자인이나 기발한 아이디어의 독창적인 명함은 한 번 더 눈길이 가고 기억에 남는다. 명함의 용도는 나를 알리는 것이다. 이 목적에 충실할 필요가 있는 세일즈맨이나 프리랜서들은 특별히 더 명함에 신경을 쓴다. 명함을 이용해 존재감을 부각시키고 각인시킨다면 기회가 더 올 수도 있기 때문이다. 단순히 개인정보 전달을 위한 수단이 아닌 나를 알리는 데 집중해 개성 있는 명함을 준비하는 것이다. 어떤 세일즈맨은 자신의 명함을 쉽게 버리는 게 싫어서 금을 녹여 만들었다고 한다. 또는 거울로도 쓸 수 있는 기능성 명함도 있다. 그 이상은 아니어도 종이 재질에 신경을 쓰거나 종이가 아닌 다른 소재를 활용해 특색 있게 만드는 경우도 있다.

제4장

—

일 잘하는
사람은 사소한
몸짓부터 다르다

_수행 및 안내 매너

13

손님이 찾아오면
사회 초년생의 불안이 시작된다

입사 5개월 차 정혼란 사원은 출입문 근처에 자리한 책상 때문에 미팅을 온 손님을 맞이할 일이 많다. 먼저 방문자의 신원을 확인한 후 잠금 장치가 되어 있는 유리문이 열리면 우왕좌왕하는 손님을 회의실로 안내하고 물, 커피 등의 음료를 드리는 것이 정혼란 사원의 몫이다. 평소 수줍음이 많고 아직 사회생활이 익숙치 않은 정혼란 사원에게는 결코 쉬운 일이 아니다. 특히나 회의실까지 이동하려면 엘리베이터를 타고 3~4개 층을 올라가야 하는데, 엘리베이터까지 안내할 때나 엘리베이터 안에서 손님과 있을 때 왠지 모를 어색함을 떨칠 수가 없다. 어쩌다 손님이 정혼란 사원에게 날씨 얘기를 꺼내면 화들짝 놀라 어설프게 대답하기 일쑤다. 커피만 해도 블랙커피, 밀크커피, 아이스, 따뜻한 것 등 고려해야 할 것이 한두 가지가 아니다. 정혼란 사원은 언제쯤 손님에게 익숙하고도 친절하게 응대할 수 있을까.

사원의 입장에서는 하루에도 몇 번씩 찾아오는 손님이라 소홀해지기 쉽지만, 손님의 입장에서 회사 방문 시에 누구도 일어서서 맞이해주는 사람이 없다면 당황할 것이다. 그러니 손님 응대법을 익혀두는 것이 중요하다. 출입문, 복도, 엘리베이터 등 다양한 공간에서 허둥대지 않으려면 각 상황별로 적절한 동선과 몸짓을 알아두는 것이 중요하다.

당기는 문

손님이 문을 열기 전에 미리 문을 열고 잡은 뒤 손짓으로 안내하면서 손님이 먼저 들어가게 한다. 손님 뒤에서 엉거주춤 서 있다가는 손님이 머쓱해지는 상황이 생길 수도 있다.

미는 문

손님보다 먼저 문을 밀고 들어가 잡고 다른 손은 사무실 안쪽으로 뻗어서 손님이 들어올 수 있도록 안내한다.

미닫이 문

문을 열어 손님이 먼저 들어가게 한 후 문을 닫는다. 버튼식 자동문일 경우에는 손님이 열림 버튼을 찾지 못해 당황하지 않도록 미리 누르도록 하자.

회전문

자동으로 회전하는 문일 경우에는 손님이 먼저 출입하게 하고 밀어서 여는 수동 회전문일 경우에는 내가 손님보다 먼저 나간다.

(✕)

14

어색한 분위기에서
페이스를 잃지 않는 수행법

한두 명이 오던 평소와는 달리 네 분의 손님이 찾아와 벨을 누르자 정혼란 사원
은 당황한 마음으로 그들을 맞았다. 연신 인사를 하며 그들을 엘리베이터로 안내
하며 허둥지둥 네 분의 손님을 등지고 앞서가서는 엘리베이터 버튼을 눌렀다. 그
런데 난감한 일이 벌어졌다. 세 명째 손님이 들어왔을 때 정혼란 사원이 그만 닫
힘 버튼을 누르고 만 것이다. 그 때문에 마지막에 걸어오던 손님은 탑승을 하려
다가 닫히는 엘리베이터 문에 어깨를 부딪히고 말았다. 그 광경에 소스라치게 놀
란 정혼란 사원은 죄송하다는 말과 함께 황급히 열림 버튼을 눌렀다. 그러나 손
님은 불쾌한 기색이 역력했다.

엘리베이터는 여러모로 정적이 흐르기 쉬운 공간이다. 다른 층에 있는 엘리베이터를 기다릴 때도 그렇고, 이제 막 엘리베이터 안으로 들어간 뒤 문이 닫힌 후에 흐르는 적막도 난처하기 그지없다. 그럴 때일수록 사소한 몸짓 하나도 큰 의미로 다가오기 마련이므로, 행동거지에 각별히 신경을 쓰는 것이 좋다.

엘리베이터

① 타는 순서

손님이 한 명일 때는 손님이 먼저 타고 손님이 여럿일 경우에는 내가 먼저 타서 엘리베이터 열림 버튼을 누른 채 대기한다. 엘리베이터 버튼이 있는 대각선 방향에 손님을 모시는 것이 좋고, 내가 버튼 앞쪽에 서는 게 좋지만 손님이 이미 서 있는 자리가 그곳이라면 위치를 바꾸지 않아도 된다.

(x)

② 타는 매너

- 엘리베이터에 탔던 사람이 먼저 내린 후에 탄다.
- 손님이 타고 내릴 때에는 버튼을 눌러 배려한다.
- 문을 너무 오랫동안 붙잡아 다른 사람들이 기다리지 않도록 한다.
- 타자마자 닫힘 버튼을 눌러 다음에 타는 사람이 문 사이에 끼는 일이 없도록 주의한다.
- 버튼 근처에 있다면 안쪽에 탄 사람의 층수를 물어 눌러주자.

계단

"○층입니다"라고 안내한 후 손님보다 한두 계단 앞서 오른다. 이때 손님을 난간 쪽으로 걸어 올라가도록 한다. 상사와 함께 계단을 오를 때는 상사가 먼저 올라가고, 내려올 때는 내가 먼저 내려온다. 올라갈 때

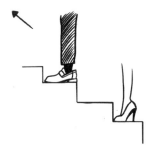

는 남성이 먼저, 내려갈 때는 여성이 먼저 내려갈 수 있도록 배려하는
게 좋다.

복도

- 이동하기 전에 먼저 안내하는 게 좋다.
- 손님보다 약간 앞서간다.
- 방향을 안내할 때는 손가락이 아닌 손바닥으로 이동할 방향을 가리킨다. 이때 손바닥은 상대방을 향하도록 하되 살짝 눕힌다.
- 뒤따라오는 손님을 확인하며 인도한다.
- 너무 느리거나 빠르지 않게 손님과 보조를 맞춘다.
- 걸을 때 구두 굽 소리가 너무 요란하지 않도록 주의한다.

15

앉는 자리 하나로도
마음이 상할 수 있다

중요한 미팅 장소를 예약하는 임무를 맡은 정혼란 사원은 '귀빈'이라는 한정식 식당에 전화를 걸었다. 예약 담당자는 인원수를 물었고, 특별히 필요하신 게 없냐는 질문을 덧붙였다. 정혼란 사원은 아무래도 중요한 미팅이니만큼 기지를 발휘해 '가장 조용한 방'으로 예약을 청했다. 그리고 다음 날, 미팅을 다녀온 부장이 정혼란 사원에게 말했다. "한강 뷰를 고려해서 알려준 장소인데, 창문이 없는 방을 예약하면 어떡해?" 정혼란 사원은 그제야 자신의 요구가 잘못 전달되었음을 깨달았다.

특정 자리를 점한다는 것은 아주 상징적인 의미가 있다. 특히 상석에 누가 앉을지 여부는 조직 내 서열과 관계가 있어 자칫 되는대로 앉았다가는 민감한 문제가 발생할 수 있다. 잘못된 상석 배치로 기분이 상해 비즈니스를 하기도 전에 일을 그르칠 위험이 있는 것이다. 그러므로 충분한 고민 후에 손님이나 거래 상대를 상석으로 안내하는 것이 좋다. 상석의 핵심은 간단하다. 가장 편안하고 여유 있게 앉을 수 있는 자리가 바로 상석이다.

상석

- 창문이나 액자가 있는 경우에는 전망이나 그림이 보이는 곳
- 사람의 출입이 적은 곳
- 소음이 적은 곳
- 벽을 등지고 있는 곳
- 공간이 넉넉한 곳

16

이제는 남녀노소
커피를 잘 타야 합니다

뜨거운 여름이었다. 사무실 안은 에어컨 덕분에 시원했지만 정혼란 사원이 맞이한 40대 남성 손님은 더운 기색이 역력했다. 정혼란 사원은 손님을 작은 회의실로 안내했고 손님은 정혼란 사원에게 아이스 커피를 부탁했다. 그런데 정혼란 사원은 혼란에 빠졌다. 늘 냉동실에 비치되어 있던 얼음통에 얼음이 다 떨어진 것이다. 정혼란 사원은 다른 탕비실에 얼음이 있을 것 같아 손님에게 양해를 구한 뒤 다른 팀의 탕비실로 갔다. 그런데 그곳에는 마침 아이스 커피를 담을 수 있는 큰 사이즈의 종이컵이 없었다. 정혼란 사원은 또 다른 탕비실에서 종이컵을 가지고 와서 간신히 아이스 커피를 만들어 회의실로 가지고 갔다. 그런데 그때는 이미 부장님과 미팅을 마친 손님이 일어서려는 참이었다. "저, 커피를 가져왔는데…" 정혼란 사원은 떠나는 손님을 보며 본인이 만든 아이스 커피를 쓸쓸히 마셨다.

회사까지 오느라 목이 말랐을 손님에게 차를 대접하는 것은 누구나 한 번 이상은 경험하게 되는 일이다. 차를 내가는 것은 손님에 대한 배려이기도 하고 커피, 녹차 등 향기로운 차 한잔은 미팅 분위기를 원활하게 하는 윤활유 역할을 하기도 한다. 차를 준비할 때는 먼저 대접 가능한 차의 종류를 안내한 후 손님의 기호에 맞게 준비하도록 하자.

차를 대접할 때

- 들어가기 전에 노크를 한다.
- 목례를 한 후 들어간다.
- 차는 컵받침에 받쳐 쟁반에 내가는 게 좋다.
- "실례하겠습니다" 하고 말한 뒤 손님에게 먼저 차를 낸다.
- 다과 제공 시 손님 편에서 차는 오른쪽, 다과는 왼쪽에 놓는다.

■ 마시고자 하는 차의 종류와 기호를 확실히 밝힌다.

■ 차를 내오는 분에게 감사의 인사를 전한다.

■ 지나치게 후루룩 소리를 내며 마시지 않는다.

■ 차를 엎지르지 않도록 유의하면서 미팅에 임한다.

차   다과

17

귀한 손님일수록
상석으로 모신다

정혼란 사원은 지하철 5호선을 이용해 출퇴근을 한다. 어느 날 퇴근길에 술자리 약속이 있어 승용차를 집에 두고 온 황 부장과 같은 칸 지하철에 탑승하게 되었다. 정혼란 사원은 인사를 했고, 두 사람은 어정쩡한 침묵에 휩싸였다. 그러다 정혼란 사원의 앞에 앉은 사람이 일어나면서 빈 자리가 하나 생겼다. 정혼란 사원은 황 부장에게 자리를 양보했다. 황 부장은 한사코 거절하며 정혼란 사원을 자리에 앉혔고, 정혼란 사원은 미안함에 황 부장의 서류가방을 들겠다며 받고는 무릎 위에 올려두었다. 그렇게 얼마만큼의 시간이 흘렀을까. 정혼란 사원은 잠시 딴생각을 하느라 내려야 하는 곳에 당도했다는 사실을 뒤늦게 알았다. 정혼란 사원은 벌떡 일어나 황 부장에게 인사를 하고 지하철에서 내렸다. 그런데 정혼란 사원의 손에는 황 부장의 서류가방이 들려 있었다. 유리문 너머로 황 부장이 황당한 얼굴로 정혼란 사원을 바라보고 있었다.

드라마를 보면 대기업 회장님이나 간부들이 기사가 운전하는 승용차 뒷자석에 앉아 있는 경우를 많이 볼 수 있다. 왜 그럴까? 그 자리가 안전하고 편안하기 때문이다. 귀한 손님을 모시고 교통수단을 이용할 때는 상석이 어딘지를 미리 숙지하고 편안하게 이동할 수 있도록 배려하는 것이 좋다.

승용차

승용차에도 상석이 있다. 손님이나 선배가 상석에 앉게 하는 게 예의이나 만약 선호하는 자리가 있다면 그곳에 앉을 수 있도록 배려해도 괜찮다. 차량의 상석은 운전자에 따라 달라지므로 잘 알아두도록 한다. 승용차에 운전기사가 있는 경우에는 뒷줄에서 운전기사와 대각선에 있는 좌석이 상석이고 운전기사의 옆 좌석이 말석이다. 자가 운전인 경우에는 운전석 옆 좌석이 상석, 뒷줄의 가운데 좌석이 말석이다.

승용차는 작고 밀폐된 공간이기 때문에 냄새에 민감할 수 있다. 불쾌한 냄새가 나지는 않은지 조심하고 신발을 벗어 다른 사람이 불편해하는 일이 없도록 해야 한다. 혹시 운전석 옆에 보조처럼 앉게 된다면 커피나 간단한 음료로 운전자의 편의를 봐주고 졸지 않도록 하며 간단한 담소를 나누면 좋다. 또한 좌석이 뒤로 배치되어 있는지 점검하여 뒤에 앉는 사람의 공간을 확보하도록 하다.

| 운전기사가 있는 경우 | 운전기사가 없는 경우 |

열차

열차에서는 열차의 진행 방향으로 밖을 볼 수 있는 창가가 상석이고, 마주 보는 곳이 차석이다. 열차는 승용차에 비해 좀 더 오픈된 교통수단인 만큼 다른 사람을 더 배려할 필요가 있다. 휴대전화는 진동으로 하고 통화는 객실 밖에서 하도록 한다. 창문 쪽 자리에서 화장실을 갈 때에는 옆 사람에게 양해를 구한 후 이동하고 복도 쪽에 앉았다면 옆 사람이 이동할 수 있도록 몸을 틀어 다리를 한쪽으로 하여 이동 공간을 마련해준다. 가방이나 기타 짐들이 다른 사람에게 피해가 가지 않도록 잘 두고 창문 가리개 사용 시에는 옆 사람을 배려해 움직이도록 한다.

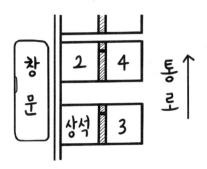

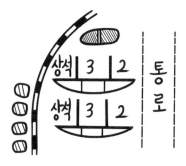

비행기

해외 출장을 갈 일이 있을 때는 꼭 참고하도록 하자. 비행기에서는 비행기 밖을 볼 수 있는 창가가 상석, 통로 쪽 좌석이 차석, 가운데 불편한 좌석이 말석이다. 비행기는 안전에 민감한 교통수단으로 특히 이착륙 시 승무원의 지시에 잘 따라야 한다. 착륙 시 미리 자리에서 일어나 짐을 내리거나 이동하는 일 없이 승무원이 안내 방송을 한 후에 움직이도록 한다. 좁은 복도를 먼저 나가겠다고 줄지어 선 다른 사람들을 밀고 나갈 것이 아니라 앞 좌석의 승객부터 내릴 수 있도록 차분히 대기한다. 비행기의 이코노미 좌석이라면 성인 남성에게는 자리가 다소 좁을 수 있다. 팔걸이를 혼자 사용하거나 잠을 잘 때에 옆 사람이 불편하지 않도록 한다.

18

데이트는 못해도
업무 미팅은 잘해야지

평소 찾아오는 손님을 안내하는 일을 하다가 모처럼 미팅을 위해 손님으로서 협력업체를 처음 방문하게 된 정훈란 사원. 회사를 나서기 전에 가방 속 서류, 수첩, 지갑, 볼펜 등을 수도 없이 확인하고, 미팅 안건에 대해서도 단단히 준비를 했다. 근무 공간을 잠시 벗어나 바깥바람을 쐴 수 있다는 설레임도 있었다. '약속한 시간에 딱 맞춰야 한다. 너무 빨라도 늦어서도 안 된다.' 정훈란 사원은 나름대로 절제되고 세련된 인사를 했다고 생각하며 협력업체 직원의 안내를 받아 회의실에 들어섰다. 그리고 나서 거래처 담당자와 인사를 나누려는데 난처한 일이 발생했다. 다른 것들을 열심히 준비하느라 명함을 가지고 오는 일을 깜빡한 것이다.

사회 초년생 시절에는 미팅이 잡히면 신경 쓰이는 게 이만저만이 아니다. 업무로 다른 사람을 만날 때는 서로의 근무 시간을 함께 나누는 것인 만큼 그에 따른 철저한 준비로 효율적인 만남이 될 수 있도록 해야 한다. 미팅 중에도 회사의 대표자라는 마음가짐으로 예의를 갖춰 응대한다.

방문 전

- 사전에 반드시 약속을 잡고 방문해야 한다.
- 상대방의 상황에 따라 약속 시간을 잡는 게 좋다. 방문에 적당한 시간은 오후 2~5시이며, 부득이하게 오전에 방문해야 할 경우에는 10~11시 사이로 정하도록 한다. 출근 직후에 만남을 청하거나 식사 전후에 찾아가는 것은 좋지 않다.
- 방문 시 필요한 내용과 서류는 미리 준비해둔다.
- 방문할 곳의 이동 시간, 담당자 이름과 연락처는 미리 확인한다.

미팅 전

- 약속 시간보다 늦을 상황이 되면 미리 전화해 양해를 구한다.
- 약속 시간 10분 전에는 도착해 용모와 복장을 점검한다.
- 외투는 미리 탈의하고 명함은 꺼내기 좋도록 준비해둔다.
- 외투는 의자 팔걸이에 올려놓고 바닥에 금속이 있는 가방은 의자 밑에 내려놓고 작은 가방은 허리 뒤편에 두거나 옆 의자가 비어있으면 양해를 구하고 의자 위에 올려놓는다.
- 서류는 미리 꺼내 놓는다.

미팅

- 차나 음료를 권하면 감사 인사 후 마신다.
- 담당자와 반갑게 인사하고 예의 바르게 명함을 교환한다.
- 간단한 스몰토크로 긴장을 풀고 공감대를 형성한다.
- 방문 목적을 확인하고 신속하게 미팅을 진행할 수 있도록 한다.
- 밝은 표정으로 경청하고 정중한 화법으로 대화한다.
- 중요한 내용을 메모하고, 필요한 것을 재차 확인한다.

미팅 후

- 시간을 내준 것에 대해 감사 인사를 한다.
- 추가 협의가 필요한 경우에는 추후 미팅을 잡는 게 좋다.
- 추가 연락처를 저장하고 발송한 자료나 미팅 내용은 정리해 둔다.
- 미팅 후 일주일 내에 감사 메일을 보낸다. 미팅을 하게 된 반가움과 이번 미팅의 내용과 추후 논의해야 할 내용을 요약해 전달한다.

공공장소에서 드러나는 사람의 진면모

평소 아무리 젠틀하고 매너가 좋더라도 많은 사람들이 함께 이용하는 공공장소에서 행실이 바르지 못하면 사람 자체가 달라 보인다. 그러므로 이용객이 많은 출퇴근 시간이나 업무차 동행인이 있을 때에는 더욱 주의를 기울이도록 하자.

○ 장우산은 가로로 들지 않고 세로로 바로 들어 주위 사람들을 찌르지 않도록 주의한다.
○ 우산의 빗물이 다른 사람의 신발 위에 떨어지지 않도록 한다.
○ 탄 사람이 먼저 내린 후 순서대로 탄다.
○ 문이 닫힐 때 무리하게 뛰어들지 않는다.

○ 버스 이용 시 하차 태그를 바로 할 수 있도록 미리 준비한다.
○ 출입문을 가로막거나 통행에 방해가 되지 않도록 선다.
○ 노약자, 임산부, 어린이 동반자에게는 자리를 양보한다.
○ 다리는 양옆까지 넘어가지 않도록 모아 앉는다.
○ 이어폰 밖으로 소리가 크게 새어나가지 않도록 한다.
○ 동영상 음향이 다른 사람에게 들리지 않도록 한다.
○ 휴대폰 알림은 진동으로 하고 큰 소리로 통화하지 않는다.

하 하 하 하

관계를 유연하게 하는 마법, 스몰토크

처음 만났을 때 어색한 분위기를 전환하는 데는 스몰토크만 한 게 없다. 스몰토크란 어색한 분위기를 누그러뜨리고 자연스러운 분위기로 흘러갈 수 있도록 도와주는 대화 기술이다. 스몰토크로 무난한 주제는 날씨, 계절, 여행, 음식, 이동수단, 긍정의 화젯거리 등으로 부담스럽지 않은 것으로 시작하며 정치, 종교, 결혼, 나이, 사회적인 이슈 등 예민한 부분은 언급하지 않는 게 좋다. 스몰토크의 예로는 "날씨가 너무 좋습니다.", "비 오는데 오시느라 애 많이 쓰셨습니다.", "건물 찾으시는데 어렵지는 않으셨습니까?" 등이 있다.

제5장

—

조용한 정글에서 살아남는 말투와 화법

_대화 매너

19

업무의 뼈대 역할을 하는 커뮤니케이션 능력

이제 갓 입사 한 달 차인 유일방 사원은 훤칠한 키에 서글서글한 외모로 첫 출근 이후로 사내 여직원을 비롯한 많은 이들의 주목을 받았다. 그래서인지 그에 대한 소문도 많았는데, 사실 유일방 사원이 속한 팀은 연일 유일방 사원이 대충대충 업무에 임하는 통에 골머리를 앓고 있었다. 그중 하나는 유일방 사원이 대화 도중에 자주 딴생각을 한다는 점이었다. 그래서인지 하나를 가르쳐주면 그것을 얼마 못 가서 잊어버리고 했던 말을 또 하게 하는 경우가 비일비재했다. 이에 스트레스를 참다못한 이 주임은 유일방 사원에게 작은 수첩을 하나 선물했다. 그곳에 업무 관련 사항들을 메모해뒀다가 잘 처리하라는 뜻이었다. 유일방 사원은 그 후로 메모를 하는 습관을 들이려고 노력했다. 그런데 문제가 있었다. 업무가 막힐 때마다 수첩을 들여다보기는 하는데, 수첩 어디쯤에 해당 업무에 관한 정보가 있는지를 찾을 수가 없었던 것이다. 이리저리 수첩을 뒤적거리며 유일방 사원은 사무실이 떠나갈듯 한숨을 쉬었고, 이 주임의 얼굴에는 또다시 수심이 어렸다.

신입사원에게는 조직 구성원들의 이목이 집중된다. 원하든 원치 않든 관심을 받을 수 있는데, 이럴 때일수록 사소한 말 한마디도 함부로 뱉으면 안 된다. 이제 대화술도 교육과 배움을 통하여 익혀야 하는 스펙과도 같은 것이 되었다.

일방적인 대화는 혼잣말과 같다

커뮤니케이션(Communication)의 어원은 '공통되는(common)', 또는 '공유한다(share)'라는 뜻을 지닌 라틴어인 "Communis"이다. 즉, 다른 사람과 함께 만들어가는 것이 대화다. 이때 대화의 시작은 '나'이지만 기본은 '상대방'이어야 한다. 그런 점에서 끊임없이 대화의 주체를 자신에게로 끌고 와서 자기 할 말만 하는 태도는 결국 상대를 배제한다는 점에서 혼잣말과 다름없다.

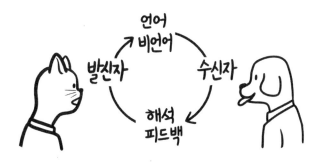

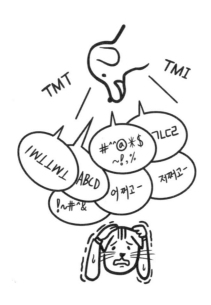

본인이 할 얘기만 생각하는 것은 금물

'경청'이 한자로 기울 경(傾), 들을 청(聽)인 것은 나보다는 상대에게 기울어 상대를 배려해야 한다는 뜻을 담고 있다. 대화를 할 때는 주변의 산만한 것을 정리하고 하던 일을 멈춘 상태에서 상대와의 시선을 맞추어 주의 깊게 들어야 한다. 가끔 상대가 하는 얘기를 듣는 척하면서 속으로 본인이 할 말을 준비하는 경우도 있는데, 대화를 할 준비가 안된 사람들이 자주 하는 실수다.

부모에게 배운 습관의 무서움

엘리베이터에서 한 꼬마가 '에이씨'라고 하자 동승한 엄마가 머리를 쥐어박으며 왜 그런 험한 말을 하느냐고 혼을 냈다. 그런데 얼마 안 가

휴대폰을 만지던 아이 엄마의 입에서 '에이씨'가 튀어나오는 것이 아니던가. 이처럼 우리는 들은 것들을 통해 말을 배우고 한번 배운 말은 좀처럼 고치기 어렵다. 줄임말을 쓰다가 표준어를 쓰려고 하면 불편하고 반말을 하다가 존댓말을 하려고 하면 어렵다. 좋은 대화 습관이 없다면 지금부터라도 의식적으로 노력해보자.

20

윤활유가 되는 마법의 화법들

유일방 사원은 어떤 말을 할 때 속으로만 생각해야 할지, 입으로 내뱉어도 될지 여부를 판단하는 감각이 남들보다 덜 발달한 편이다. 그래서 업무 지시를 받을 때도 중간에 상사의 말을 자르고 "그렇게 빨리요?" 하고 마음이 즉각적으로 내는 소리를 입으로 옮기기 일쑤다. 유일방 사원의 언행은 자유분방함과 예의 없음이 아슬아슬하게 뒤섞여 있다. 그 때문에 이 주임으로서는 어디서부터 충고와 조언을 해줘야 할지도 막막했다. 게다가 유일방 사원에게만 매번 악역을 자처하는 것 같아 미안한 마음이 들기도 했다. 이 주임은 결국 팀 내에 새로 들어온 신입사원 전원에게 화법과 커뮤니케이션에 대한 책을 일괄 지급했다. 그러고는 사내 비정기 세미나를 통해 책을 읽은 소감을 서로 나누는 자리를 만들었다. 팀 내 신입사원들이 회의실에 모인 가운데 유일방 사원이 감상을 말할 차례가 되었다. 본인 때문에 세미나가 열렸다는 것을 모르는 유일방 사원이 천연덕스럽게 말했다.
"저는 이 책이 우리 신입들에게 굉장히 필요한 책이라고 생각합니다. 물론 저는 다 아는 내용이었지만요."

같은 말인데도 말하는 방법에 따라 느낌이 다를 때가 있다. 같은 상황에서 누군가의 말은 설득당하기 싫어 고개를 흔들게 만들고 또 누군가의 말은 부드러운 설득에 거절할 수 없게 만든다. 회사 생활에 윤활유 역할을 할 수 있는 마법과 같은 화법들을 알아보자.

쿠션 화법

쿠션화법은 푹신푹신한 쿠션처럼 완충제 역할을 하는 화법을 말한다. 어떠한 상황에서 상대방에게 부탁, 요청, 거절, 지시나 부정적인 내용을 전해야 할 때 가능한 상대방의 기분과 감정을 덜 상하게 하며 말하는 것이다. 선배에게 무엇인가를 요청할 때 문장 앞에 다음과 같은 표현을 사용하면 같은 말이라도 상대방을 배려한다는 느낌을 확실히 주면서 거절할 수 없는 정중함이 묻어날 것이다.

- 실례합니다만,
- 미안합니다만,
- 죄송합니다만,
- 번거로우시겠지만,
- 힘드시겠지만,
- 바쁘시겠지만,
- 갑작스러우시겠지만,
- 당황하셨겠지만,

레이어드 화법

레이어드 화법은 자칫 반발심이나 거부감이 들 수 있는 명령조를 질문 기법으로 바꾸어 말하는 것을 말한다. 명령조의 말을 듣기 좋아하는 사람은 없다. 특히 신입사원이 선배에게 명령어로 말할 때 톤에 따라 건방지게 들릴 수도 있으므로 명령조보다는 의뢰형이나 질문형으로 바꾸어 말하는 게 좋다.

- "확인하세요" → "확인해주시겠습니까?"
- "말씀하세요" → "말씀해주시겠습니까?"
- "기다리세요." → "기다려주시겠어요?"
- "갖다주세요." → "가져다주시겠어요?"
- "준비하세요." → "준비해주시겠어요?"

아론슨 화법

미국의 심리학자 아론슨(Elliot Aronson)의 연구에서 유래되어 아론슨 화법이라고 한다. 대화 시 긍정과 부정의 내용을 함께 말해야 하는 경우 부정적인 내용을 먼저 말하고 마무리는 긍정적인 내용의 말로 하는 것을 말한다. 먼저 부정적인 것을 인정한 후 긍정의 내용으로 말한다. 회의 시 선배의 질문에 답하거나 나의 의견을 강조할 때 사용하면 효과적이다.

- "네, 약소합니다. 그러나 진심이 담겨 있습니다."
- "네, 작습니다. 하지만 성능은 가장 좋습니다."
- "네, 안정적이진 않습니다. 그러나 수익성이 좋습니다."
- "네, 아직은 부족합니다. 하지만 발전 가능성이 높습니다."
- "네, 아직 이릅니다. 그러나 시장 선점의 기회가 생깁니다."
- "네, 무리입니다. 하지만 도전해볼 가치가 있습니다."

칭찬 화법

남녀노소를 막론하고 칭찬을 싫어하는 사람은 없는 것 같다. 속이 뻔히 보이는 아첨만 아니라면 말이다. 기분 좋은 칭찬화법을 구사하기 위해서는 상대방에 대해 관심이 있어야 효과 만점의 맞춤 칭찬이 가능하다.

- "핑크색 넥타이가 참 잘 어울리시네요."
- "선배님만 믿습니다."
- "항상 잘 대해주셔서 감사합니다."
- "덕분에 잘 배우고 있습니다."
- "바뀐 헤어스타일이 멋있습니다."
- "재치와 순발력이 참 좋으시네요."

YES 화법

선배의 말에 긍정의 대답을 할 때 문장 앞에 "예"를 사용하면 훨씬 적극적이고 활기찬 느낌을 줄 수 있다. 우리말에 생명력을 더하자.

- "예, 알겠습니다."
- "예, 처리하겠습니다."
- "예, 보내겠습니다."
- "예, 곧 가겠습니다."

21

도대체 어디를 어떻게
높여야 한단 말입니까

많은 신입사원들이 화법에 관련된 책을 읽으며 가장 어려웠던 부분으로 경어법을 꼽았다. 신입사원일 때는 동기를 제외한 모든 이들이 선배이자 상사이다. 그들과 말할 때 어떤 톤으로 어떻게 예의를 갖춰야 할지 헷갈리고, 다른 상사를 거론할 때 높여야 할지 낮춰야 할지 순간적으로 혼란에 빠지게 된다. 그러다 보니 "부장님, 김대리가 병이 나셔가지고 연차를 쓰셔서 이 자료를 좀 봐 드릴 수 있으신가요"라는 괴상한 말이 튀어나오게 되는 것이다. 즉 압존법에 대해 의식하느라 말이 꼬이는 경우였다. 이 주임은 상사에게 다른 상사를 거론할 경우, 직급을 따지지 말고 그저 편하게 높임말을 사용하면 된다고 말했다. 바로 그때 그 말을 듣던 유일방 사원이 갑자기 생각난 듯 말했다. "주임님, 직원 휴게실에 '물은 셀프세요'는 도대체 누가 쓴 건가요?" 순간 몇몇의 신입사원들이 웃음을 터뜨렸다.

높임말을 사용한다는 것은 생각보다 어려운 기술이다. 많은 이들이 경어법에 미숙해 높여야 할 대상을 혼동하기도 하고, 지나친 경어 남발로 인해 어설픈 느낌을 풍긴다. 직장 내에서의 모든 말들은 경어법을 통해서 흘러나온다. 그러므로 실수를 하지 않기 위해서는 다양한 경어법에 대한 정확한 이해와 체화 과정이 필요하다.

다까체

군대를 다녀온 남성은 그나마 군대에서 '다나까체' 사용 경험이 있기 때문에 다까체 사용에 어색함이 덜 하지만 여성의 경우에는 '요조체'가 익숙하기 때문에 다소 어색할 수 있다. 면접 스피치 때 어렵지 않았는가? "~해요" 하는 식의 '요조체'는 친근감을 줄 수는 있지만 문장에 자주 사용하면 정중함이 결여될 수 있으므로 '다까체' 사용을 연습해

보자. '다까체'를 세 번 정도 썼다면 '요조체'는 한 번 정도 쓴다고 생
각하면 된다.

- "식사하셨습니까?"
- "10시에 보고 드리겠습니다."

잘못된 경어법

사물 존대가 대표적이다.

- "커피 나오셨습니다."
- "복사되셨습니다."
- "물은 셀프세요!"
- "오늘 옷이 너무 예쁘십니다."
- "회의 3시로 연기하실게요."
- "기차가 연착되셔서 늦으신다고 합니다"

압존법

압존법은 윗사람을 더 윗사람인 청자에게 말하는 경우 높임 정도를 낮추어 표현하는 방법이다.

- "할머니, 아버지 아직 안 왔습니다."

위의 예시처럼 사적인 관계에서는 압존법을 쓰되 직장이나 사회에서는 압존법을 사용하지 않고 나보다 직위가 높은 사람들은 모두 높이는 것이 좋다. 상사를 더 높은 상사에게 지칭하는 경우에도 일괄적으로 '~님'을 붙여 말하도록 하자.

- "부장님! 김 과장이 보고했습니다." (x)
- "부장님! 김 과장님이 보고하셨습니다." (O)

22

프로 직장인이 되고 싶다면 넘어야 할 산, 전화 공포증

대화법에 관한 책들을 읽고 어느 정도 감을 익힌 유일방 사원은 몰라보게 달라졌다. 우선 상대의 말을 중간에 끊는 버릇을 바꾸었고, 한창 진행 중인 대화의 맥을 끊고 화제를 바꾸지도 않게 되었다. "정말요?" 또는 "네, 알겠습니다" 하고 제법 적절하게 맞장구를 치기도 했다. 그런데 한 가지 문제가 있었다. 그 누구도 유일방 사원에게 전화를 받는 법에 대해 알려주지 않았던 것이다. 한동안 벨이 울려도 유일방 사원은 누군가 전화를 받을 때까지 신경을 끈 채 본인의 업무에만 몰두했다. 결국 이 주임에게 한소리를 듣고 말았다. "유일방 씨, 자리에 없는 사람의 전화 정도는 좀 받아야 할 것 같은데 말야." 유일방 사원은 아리송한 표정을 지었다. "그냥 두면 다시 걸지 않을까요?"

신입사원 시절에는 내 업무 전화가 아니어도 상사를 대신해서 받거나 당겨서 받아야 하는 경우가 많이 생긴다. 그럴 때면 제대로 응대를 못할지도 모른다는 불안감에 벨소리만 울려도 가슴이 덜컹할 정도로 예민해지곤 한다. 그러다 보면 줄지어 울리는 전화선을 뽑고 싶다는 생각이 들기도 할 것이다. 그러나 오늘을 출근 마지막 날로 만들고 싶지 않다면 꾹 참고 전화 응대법에 대해 알아보자.

모니터 너머에 사람이 있다

전화는 비대면 응대, 즉 시각을 배제한 소통이다. 그러므로 비대면상의 첫인상은 청각적인 요소와 언어적인 요소만으로 결정되는데 이때 청각적인 요소가 86%나 된다. 즉 전화 통화 시 첫인상에 영향을 미치는 것은 음성 톤과 말투가 지배적이라는 것이다. 들려오는 목소리만으로도 상대방의 이미지를 연상하는 일은 크게 어렵지 않다. 반대로 얼굴이 보이지 않기 때문에 무례하거나 격한 표현을 하는 등 악용하는 경우도 있다. 비록 상대방이 보이지 않지만 모니터가 상대방이라고 생각하고 통화를 하면 보다 친절한 응대를 할 수 있을 것이다.

본격 통화 시뮬레이션

① 준비

- 상대방의 전화번호, 성함, 용건을 받아 적을 수 있도록 메모지와 펜을 준비한다.

② 첫인사

- 인사한 후 소속과 이름을 밝히고 통화 가능 여부를 확인한다. 요즘 개인정보를 알고 전화하는 보이스피싱 문제로 예민할 수 있으니 소속과 이름을 분명하게 말한다.
  - "안녕하십니까? ○○부 ○○○입니다."
  - "○○○ 과장님, 맞으신지요?"
  - "통화 가능하십니까?"

③ 용건

- 용건을 전달한다.
  - "○○○ 건으로 전화 드렸습니다."
- 부재중이면 메모를 남기거나 다시 전화를 걸 것이라는 점을 전달한다.

④ 끝인사

- 상황에 맞는 끝인사를 하고 통화를 맺는다. 또는 계절이나 상

대방의 컨디션에 맞는 플러스 인사로 종료한다.

- "감사합니다."
- "무더운 날씨에 더위 조심하십시오."

걸려오는 전화에 겁먹지 않는 법

신입사원일 때 정적이 흐르는 사무실에서 전화를 받는 것은 여러모로 신경이 쓰이는 일이다. 선배들이 혹여나 내 전화 응대를 듣고 요모조모 평가를 하지는 않을지 걱정이 되기도 하고, 난처한 전화를 받을 경우 수화기를 붙들고 쩔쩔매기도 한다.

① 수신

▪ 되도록 벨소리가 3번 이상 울리기 전에 받는다.

② 첫인사

▪ 밝은 음성과 정확한 발음으로 첫인사를 한다.
▪ 인사 + 소속 + 이름
- "안녕하십니까? ○○부서 ○○○입니다."

③ 용건

▪ 적극적인 자세로 경청한다.
▪ 상대의 말 가운데 중요한 내용은 반복해 확인한다.

■ 필요한 내용은 메모한다.

④ 끝인사

■ 상황에 맞는 끝인사로 통화를 마무리한다.
  - "감사합니다."
  - "즐거운 하루 보내십시오."
  - "주말 잘 보내십시오."

■ 상대방보다 수화기를 먼저 내려놓지 않도록 주의한다. 통화를 마치면 속으로 하나, 둘, 셋을 센 후에 수화기는 귀에 대고 후크 버튼을 눌러 종료한다.

23

예상치 못한 통화로
페이스를 잃었다면

유일방 사원은 귀를 활짝 열고 팀 내에서 걸려온 전화를 받는 이들의 목소리를 주의 깊게 듣기 시작했다. 전화를 받을 때는 다들 주로 내는 전화용 목소리가 있었고, 평소 목소리보다 조금은 높은 톤으로 사무적이면서도 다정함을 잃지 않았다. '다들 언제 전화를 받는 기술을 익힌 거지?' 유일방 사원은 다른 이들이 목소리를 내는 방식과 응대하는 멘트 등을 잘 들어두었다가 실전에서 사용해보기로 했다. 유일방 사원은 대학 시절 패스트푸드점에서 아르바이트를 할 때의 기억을 떠올렸다. 목소리는 최대한 밝고 산뜻하게 내야 한다는 교육을 받았던 그때를 떠올리며, 수화기 너머의 상대가 최대한 기분이 좋도록 먼저 인사를 밝게 건네기로 했다. 드디어 전화벨이 울리고 유일방 사원은 야심차게 수화기를 들었다. "네~, 고객님 안녕하세요!" 순간 여기저기서 웃음소리가 터져 나왔다. 유일방 사원이 과거의 친절한 느낌을 살리려다가 햄버거 주문을 받듯이 전화를 받는 바람에 벌어진 일이었다.

기본적인 전화 응대에는 별로 어려움이 없는데 때때로 상황별 전화 응대에서 난관에 봉착할 때가 있다. 머릿속으로는 상황별로 어떻게 해야 하는지 대략 알 것 같아도 실전 응대에서는 쉽지 않으므로 처음에는 마치 공식처럼 외우고 점차 응용해 보도록 하자.

연결 전화

■ 담당자에게 연결해줄 것을 말한다.

- "네, 담당자에게 연결해 드리겠습니다."

■ 연결 도중 전화가 끊어질 것을 대비해 담당자의 전화번호를 말한다.

- "혹시 연결 중에 전화가 끊어지면 지역번호 ○○에 ○○○-○○○○으로 전화 주시겠습니까?"

■ 끝인사를 한 후 연결한다.

- "감사합니다. 연결해 드리겠습니다."

부재중 전화

- 부재중인 사유와 일정을 알려준다.
  - "○○○ 과장님이 연수 중으로 내일 복귀하십니다."
- 메모를 남길 것인지 아니면 직접 통화하기를 원하는지 물어본 후 상황에 따라 응대한다.
  - "메모를 남기시겠습니까? 아니시면 전화를 다시 걸어주시겠습니까?"
- 끝인사를 한다.
  - "감사합니다."
- 메모 방법
  - 메모지를 만들어 기입하는 게 좋으나 없으면 포스트잇에라도 메모하여 꼭 전달한다.
  - 담당자 복귀 후 메모를 확인했는지 확인해서 업무에 지장이 없도록 한다.

잘못 걸려온 전화

- 수신자의 회사명을 정확하게 말한다.
  - "전화 주신 곳은 ○○○입니다."
- 전화가 잘못 걸렸음을 안내한다. 이때 상대를 탓하기보다는 애꿎은 전화기를 탓하며 상대가 무안하지 않도록 한다.

- "전화가 잘못 걸린 것 같습니다."

■ 끝인사를 하고 종료한다.

■ 잘못 걸려온 전화이지만 끝까지 친절하게 응대한다.

24

기록이 남는다는 스트레스,
이메일 쓰기

유일방 사원은 말보다는 글에 강한 편이었다. 그래서 수많은 업무 중에서도 이메일을 쓰는 일이 제일 만만했다. 그런데 어느 날 점심을 먹다가 이 주임이 유일방 사원에게 농담처럼 건넨 말은 충격적이었다. "업무 메일은 문학 작품처럼 쓰지 말고 간결하게 쓰면 되는 거야." 유일방 사원은 사무실에 돌아와 자신이 보낸 메일함을 하나씩 열어보았다. '햇살이 화창하고 만물이 소생하는 축복받은 봄날, 댁네 두루 평안하신지요?' 보낼 당시에는 예의와 정성을 다했다고 생각했는데 다시 보니 갑자기 민망함이 밀려왔다.

이메일은 전화와는 달리 기록이 남는다는 점에서 여러모로 신경 써서 작성해야 한다. 참조를 통해 다른 이들이 나의 이메일을 보기도 한다는 점에서 성의 없이 작성한 메일은 여러모로 뒤탈이 나기 쉽다. 메일을 제대로 쓰고, 제대로 주고받는 법을 알아보자.

발신

- 가능한 근무 시간에 발송하고, 그 이후에 발송할 경우에는 예약 시간을 설정하여 출근 시간 이전에 확인할 수 있도록 한다.
- 발신자, 즉 보낸 사람 항목에는 별명보다는 실명을 사용한다.
- 발신 후 수신자에게 문자나 전화로 연락해 놓으면 확실하다.

제목

- 업무 메일로 인지할 수 있는 제목으로 작성한다.
- 용건 또는 '소속 + 이름'으로 작성하여 스팸으로 분류되지 않도록
  한다.
  - 워크샵 프로그램 협의 건으로 메일 드리는 ○○○회사 ○○○입니다.

내용 작성

- 내용 파악을 분명히 알 수 있도록 간단명료하게 작성한다.
- 결론을 먼저 작성한 후 이유와 대안 제시를 작성한다.
- 중요한 내용은 굵은 글씨나 밑줄을 사용해 강조한다.
- 내용이 길어질 때는 단락을 나누어 작성한다.
- 긴 내용이나 추가적인 자료는 첨부 파일을 이용한다.
- 파일 첨부 시에는 본문에 확인 요청하고 안내한다.
- 외래어, 비속어, 말줄임, 신조어, 전문용어, 이모티콘 등은 지양한다.
- 오탈자는 다시 확인한다.

이메일 회신 법칙

■ 확인 후에 바로 답장하는 게 좋다. 하지만 메일 확인 후 답장하는 데 시간이 소요될 것 같으면 우선 확인했다는 메일은 먼저 보내 놓는 게 좋다.

- "○○○님 메일 확인 했습니다. 요청하신 내용은 확인하여 다시 연락드리겠습니다."

25

단톡방,
상상 이상의 실수를 조심하라

유일방 사원이 속한 팀은 '팀내 단톡방'이 있고 유일방 사원을 비롯한 입사 동기들끼리 사적으로 만든 '동기 단톡방'이 있다. 팀내 단톡방은 참여가 미미하다. 다양한 직급의 사람들이 모여 있어, 팀 회식 때 장소를 정한다든지 하는 용도로만 사용한다. 가끔 팀장이 이상한 개그를 시도할 때가 있지만 대체로 조용한 편이다. 그렇지만 동기 단톡방은 다르다. 하루 동안 겪은 황당한 일부터 저녁에 한 잔하자는 제안까지, 은근히 많은 대화를 주고받곤 한다. 그러다 보니 다들 대화창을 거의 보이지도 않을 정도로 투명하게 설정하는가 하면, 단축키를 써서 재빨리 창을 밑으로 내리는 신공을 발휘하는 직원들도 있다. 또 가끔은 동기 단톡방에 올릴 내용을 팀내 단톡방에 잘못 올리는 사태가 벌어지기도 한다. 유일방 사원역시, 회사 근처 맛집 링크를 팀내 단톡방에 잘못 올려 "도대체 술집 링크를 갑자기 올리는 이유가 뭐냐"는 부장의 질문에 당황한 적이 있다.

카카오톡은 컴퓨터와 연동해 사용할 수 있고, 상대의 확인 여부를 빠르게 알 수 있는 점, 사진과 파일을 편리하게 전송할 수 있는 점 등 다양한 이점이 있어 업무용으로 사용하는 사람들이 늘고 있다. 그러나 문자나 메일보다는 가벼운 느낌이 있고, 사생활의 영역에 침범하는 듯한 느낌이 있어 서로 미리 얘기되지 않는 한 무턱대고 카카오톡으로 먼저 연락하지 않는 게 좋다.

카카오톡 사용 매너

- 근무 시간에 사적으로 카카오톡을 자주 사용하면 업무에 집중하지 않는 것으로 보일 수 있다.
- 근무 중에는 알림을 진동이나 무음으로 설정한다.
- 근무 시간 외에는 거래처와 카카오톡 사용을 지양한다.
- 카카오톡의 경우 바로 확인을 안 하는 사람도 있으니 중요사항은 문자 메시지를 사용한다.
- 확인 표시가 되었어도 대답이 없다면 상대가 내용을 인지했다고 속단하지 않는게 좋다.
- 만약 업무용으로 카카오톡을 자주 사용한다면 프로필 사진이 너무 개인적이지 않은 게 좋다.
- 사전 양해 없이 카카오톡으로 파일이나 사진을 전송하지 않는다. 카카오톡은 개인적인 연락 수단이라는 인식이 일반적이어서 사생활이 공개되는 듯한 느낌이 들 수 있다.

- 업무용 대화 시에는 말줄임, 축약어, 이모티콘 사용을 지양한다.
- 중요 사항이나 회의 내용은 가능한 카카오톡으로는 기록하지 않는 게 좋다.
- '단체 메신저 대화방(단톡방)'에 사전 양해 없이 초대하지 않는다.

26

휴대전화,
이렇게 쓰면 뒤탈이 없다

유일방 사원은 얼마 전 거래처 미팅에서 만난 최 대리에게 명함을 받은 뒤로 아무 생각 없이 휴대폰에 저장을 했다. 그러자 휴대폰에 깔려 있는 대화 어플과 자동으로 연동이 되어 새로운 친구 목록에 최 대리가 추가되었다. 그러던 어느 날 업무 중에 최 대리에게 전할 말이 생겼고, 유일방 사원은 아무 생각 없이 대화 어플을 통해 최 대리에게 말을 걸었다. "최 대리님, 안녕하세요?" 그러나 최 대리는 한참 동안 말이 없었다. 유일방 사원은 최근에 새로 산 이모티콘 세트 중에서 눈물을 흘리며 좌절감을 드러내고 있는 캐릭터를 최 대리에게 전송했다. 그런데도 최 대리는 아무런 말이 없었다. 결국 유일방 사원은 최 대리의 휴대 전화로 전화를 걸었다. 신호음이 얼마나 울렸을까. 드디어 최 대리가 전화를 받았다. 유일방 사원이 반가운 목소리로 인사를 건넸을 때 최 대리가 다소 짜증이 섞인 목소리로 말했다. "저 오늘 연차예요. 일 얘긴 내일 합시다." 유일방 사원은 전화를 끊고 대화 어플로 메시지를 보낸 것이 크나큰 실수였음을 깨달았다.

명함을 주고받은 관계라면 급할 때 연락을 취하려고 휴대전화를 사용하기도 한다. 부재중이나 출장 중에도 담당자와 연락이 닿을 수 있어 편리하기는 하지만 개인적으로 사용하는 전화이므로 가급적이면 회사 전화로 통화하는 게 좋다.

발신

- 사전에 얘기가 되지 않는 한 근무 시간 외에는 휴대전화 통화를 안 하는 게 좋다.
- 소음이 큰 곳에서는 전화를 걸지 않는다.
- 통화가 가능한 상황인지 먼저 확인한다.
- 휴대전화로 전화를 건 이유를 전한다.

수신

- 업무 전화일 경우에는 첫인사를 한다.

- 대중교통 이용 중에 받았다면 상황을 알리고 하차 후에 통화하는 게 좋다. 급한 경우 부득이하게 통화해야 할 때에는 주변 사람들에게 방해가 안 되도록 작은 목소리로 통화한다.

- 다른 사람과 있을 때 전화가 오면 양해를 구하고 받는다.

- 상대방의 목소리가 휴대전화 밖으로 크게 들리지 않도록 설정한다.

당신의 대화도 캡쳐될 수 있다

요즘은 사내에서도 카카오톡으로 간단한 그룹 협의나 개별 소통을 한다. 그런데 카톡이 주는 편리함이 있는 반면 주의해야 할 점도 있다. 바쁜 업무를 하다 보면 여러 개의 창을 띄어놓고 소통하는 경우가 있다. 자칫하면 친구들과의 대화를 업무 대상자 창에 하는 경우도 있고 공유할 링크한 사진을 엉뚱한 창에 전송하는 경우도 있어 조심해야 한다. 만약 한창 상사에 대해 부정적인 얘기를 나두던 중 마침 그 상사에게서 카톡이 와서 상사를 욕하는 글을 상사와의 대화창에 썼다면? 그것만큼 당황스러운 일이 없을 것이다. 또한 카톡으로 주고받는 대화는 캡처되어 불리한 경우 증거로 제출될 수도 있으므로 주의해서 사용하는 게 좋겠다.

제6장

—

잘나가는 사원과
회사를
잘 나가는 사원
_직장 매너

27

호칭,
높임말과 직급의 콜라보레이션

노기본 사원은 미국에서 고등학교와 대학교를 졸업한 해외파 신입사원이다. 중학교를 졸업할 때까지는 한국에서 살았기 때문에 한국어가 익숙했지만, 문제는 한국의 직장 문화에 적응하는 일이었다. 노기본 사원이 보기에 한국의 조직 문화는 상하 질서가 엄격하고 어딘지 경직된 분위기가 있었다. 주임, 대리, 과장, 부장 등 다양한 직급에 맞춰 호칭을 외워야 하니 이만저만 머리가 아픈 게 아니었다. 그래서 입사 초기에는 상사에게 무언가 얘기를 할 때에 "저…" 하고 호칭을 생략한 애매한 말로 전달사항을 보고하기도 했다. 그렇게 아슬아슬한 줄타기를 하듯 회사 생활을 해나가던 어느 날이었다. 노기본 사원은 회사 로비 저만치서 걸어가는 윤 과장에게 마침 전달할 서류가 있어 빠른 걸음으로 걸으며 윤 과장을 불렀다. "헤이(hey)!" 자신도 모르게 습관적으로 튀어나온 말에 윤 과장뿐 아니라 주위에 있던 직원들의 이목이 노기본 사원에게 집중되었다. 노기본 사원은 어리둥절해 있다가 윤 과장의 표정이 좋지 않은 것을 보고 뭔가 실수를 했음을 깨달았다.

호칭을 정할 때에는 상대의 나이보다는 직함에 맞추는 게 좋다. 나보다 늦게 입사한 사람이지만 직급이 높다면 그에 맞는 존대를 해야 하고 마땅히 선배로 예우해야 한다. 이는 어떻게 보면 기본적인 사항이지만 막상 여러 변수에 놓이게 되면 호칭을 헷갈리게 되는 일이 많다. 그러니 아무래도 미심쩍다면 상사에게 조심스레 자문을 구하는 것도 한 방법이다.

더 이상 언니, 오빠, 형이 아니다

회사는 동아리가 아니다. 회사 내의 모든 호칭은 일처리를 보다 정확하고 신속하게 하기 위해서 존재하고, 그런 원칙에 따라서 위계서열이 정해진다. 사무실에 들어서는 순간 그들은 언니, 오빠, 형이 아닌 것이다. 그러므로 적절한 호칭을 사용해야 한다.

상사

- 성명 + 직급 + 님
  - 신중해 과장님, 최고수 부장님

- 이름을 모를 경우에는 성 + 직급 + 님
  - 신 과장님, 최 부장님
- 문서에는 '님'을 생략하고 사용한다.
  - 부장 특별 지시 사항

동료·동급자

- 동기를 부를 때에는 '○○○씨'라고 한다.
- 동급자이지만 연장자이면 '○○○님'이라고 한다.

하급자

- 성 + 직급
  - 왕 주임, 강 대리
- 직급이 없는 하급자는 '○○○씨'라고 한다.
- 하급자이지만 입사가 빠르면 '선배님'이라고 한다.

알아두면 도움 되는 일반 호칭

- 연세가 많으신 분
  - 어르신, 선생님, 사장님, 사모님 등
- 친구의 부모
  - 친구 이름 + 아버님, 어머님
- 남의 배우자
  - 부군, 부인

28

기본 업무,
이것만 잘해도 보통은 한다

노기본 사원은 윤 과장을 '헤이'라고 부른 것을 계기로 사내에서 제법 유명해졌다. 하지만 그는 미워할 수 없는 캐릭터였다. 잘난 체를 하지 않는 데다가 아이처럼 해맑은 구석이 있어서 누구라도 노기본 사원을 보면 도와주고 싶은 마음이 들게 하는 재주가 있었다. 윤 과장 역시 그랬다. 처음에는 노기본 사원을 건방지다고 생각했으나 악의가 없다는 것을 알게 된 뒤로는 하나하나 차근차근 설명을 해주곤 했고, 노기본 사원은 스펀지처럼 회사 생활의 기본 매너를 익혀나갔다. 같은 팀 사람들도 노기본 사원이 수첩을 들고 그때그때 숙지해야 할 업무 사항을 적는 것을 보고 건방지다고 생각했던 선입견을 버리게 되었다.

입사 후에는 신입사원으로서 할 수 있는 일이 많지 않기 때문에 할 일이 없어 시간이 안 간다고 호소하는 경우도 있다. 마냥 행복할까? 아니다. 오히려 집중하지 않고 시간이 가기를 기다리는 것만큼 괴로운 일도 없다. 그러니 상사의 업무 지시가 내려지면 '이제 좀 시계가 빨리 흐르겠는걸?' 하면서 호기롭게 업무에 임하는 것도 한 방법이다.

이왕 해야 하는 업무는 적극적으로

① 상사가 부르면 "네" 하고 회사 수첩을 들고 재빨리 상사에게 간다.

② 지시 사항을 받아 적고 정리하면서 문의 사항이나 중요 사항을 확인한다("○○○는 ○○○가 맞지요?", "○○○까지 보고 드리겠습니다").

③ 지시 사항에 대해 문의 사항이나 중요 사항을 확인한다.

④ 책임감 있게 진행할 것을 전한다.

뒤탈이 없도록 그때그때 상황을 보고하기

보고는 차질 없이 일이 진행되고 있음을 상사에게 알려 상호 신뢰를 유지하는 아주 중요한 업무다. 또한 단순히 알림의 기능뿐 아니라 업무 전반에 대한 나의 영향력을 드러낼 수 있는 기회가 될 수 있다. 따라서 보고를 할 때에는 잘 준비해서 분명하게 전달하고 정중하게 보고할 수 있도록 하자.

- 필요한 경우에는 중간 보고로 지시 사항을 확인한다.
- 마감일의 보고일지라도 상사와 시간을 정하여 보고한다.
- 보고를 받는 상사를 염두에 두고 보고 준비를 한다.
- 보고 시 전달 내용이 길고 복잡하다면 문서로 정리하여 상사가 자료를 보면서 보고를 받도록 한다.
- 문서는 가독성이 높게 작성하며 도표, 이미지, 숫자 등을 사용한다.
- 여러 상사에게 보고를 해야 할 경우에는 발표 형식으로 진행하는 게 효과적일 수 있다.

- 보고 시에는 결과를 먼저 육하원칙으로 정확하게 보고한다.
- 보고 시 발음, 시선 처리, 자세 등도 신경 써서 보고한다.
- 말끝을 흐리지 말고 "~다"로 분명하게 끝맺는다.

행동에도 말이 있다

상대방이 물건을 건네는 모습만 봐도 나에 대한 마음가짐을 짐작할 수 있다. 보고나 회의 시 상사에게 보고 자료나 물건을 건넬 때 정중하고 공손하게 건네도록 하자.

- 건네는 위치는 상대방의 가슴과 허리 사이쯤으로 한다
- "보고 자료 여기에 있습니다"를 복창한 뒤 상대방이 잡기 편하게 물건을 전달한다.
- 보고 자료는 받아서 바로 볼 수 있도록, 가위는 뾰족한 방향이 내게 오도록, 볼펜은 바로 받아서 사용할 수 있도록 전달한다.

29

직장생활의 꽃,
회의에 임하는 슬기로운 자세

노기본 사원이 회사 생활을 하면서 가장 힘들 때는 바로 회의 시간이었다. 짧게
는 30분부터 두세 시간을 훌쩍 넘기기도 하는 회의를 두고 처음에는 오래 논의
할수록 더 좋은 결론을 낼 수 있으리라 생각했다. 그러나 회의 시간과 회의의 질
은 비례하지 않았다. 때로는 이런저런 말들만 요란한 말잔치가 되기 일쑤였다.
또한 직급이 높을수록 많은 발언을 했고, 그 말들이 고스란히 결과에 반영되는
경우가 많았다. '회의가 열린다는 것은 상사가 원하는 결과를 도출하기 위한 요식
행위인 걸까' 하고 노기본 사원은 생각했다. 그럼에도 불구하고 다른 동기들처럼
포기하고 앉아있기는 싫었다. 노기본 사원은 중간중간 손을 번쩍 들어서 소신껏
의견을 제시했다. 그러나 "현실적으로 불가능하다"는 대답이 돌아오기 일쑤였다.
구성원의 다양하고 창의적인 아이디어를 존중하는 회의를 하는 것이 얼마나 어
려운 일인지를 깨달았다.

갓 입사한 내가 회의에 기여하는 바는 크지 않을 것이다. 하지만 회의 분위기에는 기여할 수 있다. 즉 존재감은 알릴 수 있다는 것이다. 회의는 목적과 구성원에 따라 분위기가 달라진다. 보다 원활한 회의 진행을 위하여 콘셉트에 맞게 세심하게 준비하고 적극적으로 참여해보자.

회의 준비법

- 회의 시간을 다시 한 번 공지한다.
- 필요한 자료는 인쇄해 둔다.
- 간단한 다과를 준비하여 화기애애한 분위기를 만든다.
- 냉난방을 미리 확인한다.
- 필요한 기자재(빔프로젝터, 노트북, 포인터, 스피커 등)를 확인한다.

회의 참석법

- 말하기보다는 듣는 시간이 많을 것이다. 진행되는 업무에 대해 관심을 가지고 참석자들의 말을 경청하자.
- 상대의 발언에 이해가 되면 고개를 끄덕이거나 대답을 하는 등 적극적인 경청 자세를 취한다.
- 필요한 경우에만 필기를 한다. 필기에만 집중하면 정작 중요한 것을 놓칠 수 있다.
- 흐름에 방해가 안 된다면 궁금한 사항은 질문한다.
- 의견을 제시하거나 보고할 내용은 분명하게 말한다.
- 너무 오랜 시간 발언하거나, 다른 사람의 말을 끊지 않는다.
- 팔짱을 끼지 않도록 하고, 휴대폰을 만지거나 작동하지 않는다.

30

매일 하지만 적응이 안 되는 일, 출근

노기본 사원은 혼잡하기로 소문난 지하철 2호선을 타고 출근을 한다. 길게 늘어선 사람들 틈에 있으면 이 많은 사람들이 지하철 안으로 다 들어갈까 싶지만, 일단 문이 열리고 나면 어떻게 해서든 그 많은 사람들이 탑승은 하게 된다. 물론 객실 내부는 조금의 틈도 없다. 사람과 사람들이 차곡차곡 겹쳐진 채로 출근하고 있노라면 내가 사람인지 시루 속의 콩나물 한 줄기인지 헷갈릴 정도다. 승용차도 있지만 출퇴근 도로의 혼잡을 생각하면 만원 지하철을 감당하는 편이 오히려 낫다. 직장인에게 출근이란 그 자체로 힘겨운 사투이면서 매일매일의 미션이 아닌가 싶다.

내가 아는 한 후배는 신입사원 시절 사무실에 가장 먼저 출근해 정리정돈은 물론 상사들에게 걸려오는 전화를 받으며 부지런한 사원으로 인정받았다고 했다. 신입사원의 업무 태도는 처음부터 좋은 습관으로 채우는 게 중요하다.

사무실의 아침은 산뜻하게

- 지각하지 않으려고 뛰어오다가 가쁜 숨으로 사무실에 들어서지 말고, 여유 있게 10분 전에는 출근하는 것이 좋다.
- 가장 일찍 출근했다면 사무실 조명과 냉난방을 챙기자.
- 필요한 전원은 켜자(프린터, 팩스, 컴퓨터, 커피 포트 등).
- 필요하다면 사무실 환기를 하자.
- 전날 야근을 했더라도 별다른 지시가 없었다면 정시에 출근하자.

31

워라밸을 위한
최선의 퇴근 매너

금요일 오후가 되면 노기본 사원의 마음은 부풀어 오른다. 약속이 있든 없든, 휴일을 앞둔 날은 괜히 기분이 좋아진다. 그래서인지 오후 4시 무렵이 되면 이미 마음은 회사에서 퇴근을 한 듯하다. 자꾸만 시계를 보게 된다. 그런 노기본 사원의 마음을 아는지 모르는지, 윤 과장은 5시를 좀 넘긴 시간에 갑작스럽게 엑셀 수정 작업을 노기본 사원에게 요청했다. 노기본 사원은 마침 저녁에 강남에서 친구를 만나기로 약속을 잡아놓은 상태였다. '아, 하필 오늘 같은 날…' 노기본 사원은 그때부터 6시 안에는 업무를 마치는 것을 목표로 숨도 쉬지 않고 컴퓨터 화면에 시선을 고정한 채 일을 하기 시작했다. 그리고 6시 정각 무렵, 노기본 사원은 회심의 미소를 지으며 윤 과장에게 수정을 완료한 엑셀 파일을 전달했다. 노기본 사원의 속도에 놀란 윤 과장은 살짝 웃으며 말했다. "이제 금요일 오후에만 일을 줘야겠어."

오후 5시가 되면 뭉쳤던 어깨가 풀리는 것처럼 엔돌핀이 돌고 괜히 웃음이 나오는가. 그렇다면 정상이다. 누구나 퇴근을 꿈꾼다. 때로는 출근과 동시에 집에 가고 싶은 마음이 들기도 한다. 그래서 6시가 되면 부리나케 사무실 밖으로 뛰쳐나가기도 하지만, 어쩐지 부장님이나 과장님은 그 자리에서 세월아 네월아 밀린 업무를 처리하는 경우도 꽤 많다. 그럴 땐 어떻게 해야 할까. 퇴근 매너를 알아보자.

도망치듯 퇴근을 하면 다음 날이 괴롭다

- 책상은 말끔하게 정리한다.
- 59분에 컴퓨터를 끄지 말자. 퇴근 시간만 기다린 것 같은 인상을 줄 수 있을뿐더러 마침 그때 걸려오는 전화에 잘못 응대할 수 있다.
- 마땅히 할 업무가 없더라도 늦은 오후쯤 상사에게 혹시 할 일이 더 있는지를 확인하는 게 좋다.

말끔한 책상

- 근무시간 내에 연락하기로 한 것 중 누락한 것은 없는지 확인한다.
- 거래처 담당자와 연락이 안 된 건은 메일이나 문자로 다시 연락을 취해 놓는다.
- 다음 날 아침에 회의가 있다면 인쇄 자료는 미리 준비해 놓는다.
- 사무실에서 마지막으로 퇴근한다면 컴퓨터, 프린터, 전자제품 등 전원이 잘 꺼져 있는지 다시 확인한다.

이 대리님, 제가 할 수 있는 일이 또 없을까요?

32

놀고 싶다,
외근과 일탈의 충동

생각보다 거래처 미팅이 일찍 끝이 난 오후, 외근을 마치고 복귀를 하려던 노기본 사원은 분위기 좋은 카페 앞에서 걸음을 멈췄다. 4시 30분. 애매한 시간이었다. 회사에 복귀를 하자니 퇴근 시간이 임박할 것 같고, 그렇다고 현지 퇴근을 하자니 조금 양심의 가책이 느껴지는 상황. 결국 노기본 사원은 메뉴판을 훑어보다가 하우스 와인을 한 잔 주문했다. '뭐 어때. 보는 사람도 없고.' 술 중에서도 특히 와인을 좋아하는 노기본 사원이 와인 잔을 홀짝이던 바로 그때, 카페 안으로 옆부서 팀장이 걸어들어오는 것이 아닌가. 와인 잔을 든 노기본 사원은 팀장과 눈이 정면으로 마주쳤다. '아, 하필이면!'

촘촘한 벌집처럼 구획된 사무실 파티션에 갇혀 일하다 보면 가끔 외근이 잦은 직원이 부러울 때가 있다. 그러다 모처럼 외근할 일이 생기면 답답한 사무실을 벗어나 바깥 공기를 쐰다는 것만으로 기분이 들뜨기도 한다. 그러다 보면 근무 중이라는 것을 잊고 소위 땡땡이를 쳐도 되지 않을까 하는 생각이 들지만 꼬리가 길면 밟힌다는 점을 명심하자. 외근을 다녀올 때도 주의해야 할 사항이 있다.

외출이 아니라 외근이다

- 사무실에 외근 일정을 공유하고 방문하는 곳 담당자와 외근 일정을 재차 확인한다.
- 외근은 회사 대표자로서 일을 수행한다는 마음가짐으로 임한다.
- 외근 시 발생하는 비용(식사, 교통비 등)은 경비 처리할 수 있도록 영수증을 챙긴다.
- 외근을 마친 후에는 즉시 복귀하나 퇴근 시간을 지날 것 같은 경우에는 상사에게 전화해 이후 일정을 확인한다.

영수증 필수 챙기기
= 사비 지출 방지!

- 사무실에 들어올 때는 조용히 들어오며 잘 다녀왔다는 정도의 인사를 간단히 하는 게 좋다.
- 외근 업무 결과는 보고하고 필요시에 공유한다.

외근
≒ 외출
≒ 외캉스

33

출장,
밖에서도 인정받는 사원의 미덕

초여름, 부산 출장을 위해 윤 과장은 서울역에서 노기본 사원을 기다리고 있었다. 당일치기 일정이라 시간이 빠듯했다. 그런데 기차 출발 시간이 가까워올 무렵, 멀리서 걸어오는 노기본 사원을 보자 윤과장의 입이 떡 벌어졌다. 2 대 8 가르마에 포마드를 바른 머리, 검은 정장, 선글라스를 끼고 걸어오는 모습이 과해도 너무 과했던 것이다. 노기본 사원이 윤 과장에게 말했다. "과장님 저 오늘 좀 어때요? 이만하면 회사의 얼굴이라고 봐도 되겠죠?" 윤 과장이 당황한 얼굴로 말했다. "우리 일하러 가는 거지 화보 찍으러 가는 거 아냐…."

일을 하다 보면 업무상의 이유로 다른 지역이나 외국으로 출장을 가야 하는 경우가 발생한다. 첫 출장이 주는 설렘과 부담이 있는데 다행스러운 것은 신입사원 시절의 출장은 상사와 함께 동반하므로 큰 걱정은 안 해도 된다.

성공적인 출장을 위한 체크리스트

- 불가피하게 일정이 정해진 경우도 있지만 가능하다면 업무 일정에 지장이 없도록 결정한다.
- 출장 신청서는 미리 작성해 제출한다.
- 상황에 따라 출장 가는 곳의 숙소와 교통편을 내가 예약하는 경우가 발생한다. 비용과 이동 동선을 고려해서 알아본다.
- 출장 가는 곳에 픽업과 라이드 제공이 안 된다면 교통편도 확인한다.

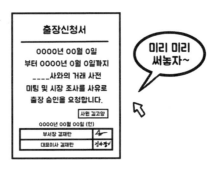

- 출장에 필요한 목록을 정리하여 짐을 싼다. 비즈니스에 필요한 물품은 꼼꼼하게 챙긴다. 나라와 항공사별로 반입이 안 되는 물품이 있을 수 있으니 사전에 확인한다.
- 업무를 마친 뒤 저녁 시간 정도는 자유 시간을 갖는 것도 좋다.
- 현지의 특색 있는 간식이나 작은 선물을 사오는 것도 좋다.

34

센스 있게 지각하는 법

아침 10시가 되도록 노기본 사원이 출근을 하지 않자, 팀 내에서는 걱정과 우려의 목소리가 나오기 시작했다. 전화를 해도 받지 않았고 본가에서 독립해 혼자 살고 있는 터라 가족이나 배우자 등 달리 연락해서 물어볼 데도 없었다. 그러다가 11시 하고도 30분을 넘어설 무렵, 윤 과장의 휴대폰으로 카톡 메시지 하나가 전송되었다. '저 지금 일어났어요ㅠㅠ' 윤 과장은 그럴 나이도 아니긴 하지만 잠시 뒷목을 잡았다. 이 해맑은 지각생을 어떻게 해야 할까. 그러고 보니 본인도 신입 시절 알람 소리를 미처 듣지 못하고 늦잠을 잔 적이 있지 않았던가. 결국 노기본 사원은 그날 오전에 급히 반차를 쓰는 것으로 해서 오후부터 업무에 합류하기로 결론이 났다.

누구나 실수를 할 수는 있다. 원숭이도 나무에서 떨어지고 똑똑해 보이던 신입사원도 어느 날 지각을 하거나 피치 못할 사정이 생겨서 갑작스럽게 결근을 할 수도 있다. 중요한 것은 이미 벌어진 실수에 대처하는 자세이다. 실수가 자신의 평판으로 이어지지 않으려면 어떻게 해야 할까.

지각이 불가피하다면

- 지각을 하게 될 것 같으면 바로 상사에게 연락한다.
- 지각의 사유를 솔직히 말하고 예상 도착 시간을 알린다.
- 무단 결근은 지금껏 쌓아온 신뢰를 단번에 무너뜨리는 최악의 실수이다.
- 가능하면 당일보다는 전날 연락을 취해 놓는 게 낫다.

- 몸 상태가 안 좋아 출근이 어려울 때에는 상사에게 전화로 연락한다.
- 당일 처리해야 할 일이 있다면 지장이 없도록 동료에게 연락을 취해 진행할 수 있도록 한다.
- 결근을 휴가로 대체할 수 있는 경우 절차에 따라 신청한다.

35

휴가를 둘러싼 눈치 게임

워낙에 어디로 튈지 모르는 노기본 사원이긴 하지만, 적어도 휴가를 쓸 때에는 바쁜 시기를 피해야 한다는 것쯤은 눈치껏 알고 있었다. 그래서 여름 휴가 기간을 정할 때도 이런저런 고려를 통해 8월 넷째 주로 신청을 했다. 일하는 틈틈이 달력에 적힌 '여름 휴가'라는 글자만 봐도 기대가 될 정도였다. 그런데 어째 상황이 이상하게 돌아가기 시작했다. 8월 중순에 마무리될 예정이었던 프로젝트가 2~3주 연기되면서 가장 바쁜 시기와 노기본 사원의 휴가 일정이 딱 겹친 것이다. 노기본 사원은 미국행 왕복 비행기 표를 이미 끊어둔 데다가 미국에 사는 가족들도 노기본 사원을 기다리고 있었다. 깊은 고민에 빠진 노기본 사원은 결국 해결책을 떠올렸다. 일 때문에 휴가를 포기할 수는 없었다. 그렇다면 일을 포기하자. 노기본 사원은 그로부터 며칠 후 회사에 사직서를 제출했다. 그 사실을 안 윤 과장은 또 한 번 뒷목을 잡았다.

워라밸, 즉 일과 여가의 밸런스가 많은 사람들의 관심사가 되고 있다. 휴가를 쓰는 것도 예전에는 꽤나 눈치가 보이는 일이었으나, 이제는 열심히 달려온 만큼 잠시 방점을 찍는 휴가가 오히려 업무에 도움이 된다는 인식으로 흐르고 있다. 그중 휴가의 꽃이라 할 수 있는 여름 휴가는 모든 조직원이 쉬는 경우도 있고, 서열이나 눈치 작전으로 정해지는 경우가 있으니 때에 따라서 적절하게 쉬는 센스를 발휘하자.

당당하게 휴가 내는 법

- 휴가는 업무에 지장이 없도록 스케줄을 잘 살펴서 써야 한다.
- 특별한 일이 아닌 이상 바쁜 기간에는 휴가를 내지 않도록 한다.
- 갑작스러운 휴가는 동료에게 폐가 될 수 있다.
- 일에 지장이 있는 경우에는 동료와 중복되지 않도록 협의한다.
- 장기간의 휴가인 경우에는 적어도 한 달 전에 허가를 받아놓는다.
- 휴가 전에는 동료와 거래처에 미리 양해를 구한다.

36

차라리 혼자 식사를 하는 게
나을 때

유식탐 과장에게는 좋지 않은 습관이 하나 있다. 그것은 바로 음식을 빨리 먹는
다는 것이다. 속도 자체는 문제가 아니지만, 매일 함께 점심을 먹는 노기본 사원
은 종종 난처하기 이를 데 없다. 유식탐 과장이 본인의 밥그릇을 비우고 나서 멀
뚱멀뚱 물을 마시고 있으면 입사한 지 얼마 안 되는 신입사원들은 얼른 남은 음
식을 먹으려고 서두르거나 먹던 음식을 남기고 식당을 나오는 일도 벌어진다. 회
식 때도 마찬가지다. 한번은 무한리필이 되는 돼지갈비집에서 회식을 한 적이 있었
는데, 고기를 굽는 족족 남들의 두세 배 정도의 속도로 다 익은 고기를 먹어 치우니,
어느새 유식탐 과장은 같이 밥을 먹으면 힘들어지는 기피 대상이 되어버렸다.

짧은 시간에 상대가 어떤 사람인지를 파악할 수 있는 방법은 같이 식사를 해 보는 것이다. 가장 원초적인 행위인 '먹는 시간'을 통해서 사소한 습관이나 말투, 버릇이 잘 튀어나오기 때문이다. 특히 '웨이터 법칙'이라는 말이 있는데, 나에게는 잘하지만 웨이터 등 서빙하는 사람에게는 함부로 대하는 사람은 절대 좋은 사람이 아니고, 신용할 수 있는 거래처도 아닐 가능성이 높다. 그러므로 테이블 매너뿐만이 아니라 사람에 대한 예우를 갖추는 것이 중요하다.

밥 같이 먹고 싶은 사람이 되려면

- 상대의 속도에 맞춰 밥 먹는 속도를 조절한다.
- 집었던 음식은 가져가 먹으며 반찬을 뒤적거리지 않는다.
- 소리 내어 음식을 씹지 않는다.
- 입안에 음식이 가득 들어있는 상태로 말하지 않는다.
- 부족한 반찬은 센스 있게 추가 요청한다.
- 한 냄비에 여러 수저를 담그는 게 싫다면 앞접시를 요청하라.
- 다른 식사 약속이 생겼을 경우에는 미리 말한다.
- 식성을 고려해서 사려 깊게 식사 메뉴를 정한다.
- 먼저 권하지 않는 이상 다른 사람의 음식을 맛보지 않는다.
- 수저를 놓고, 컵에 물을 따르고, 편한 자리에 휴지를 가져다 놓는 등의 일은 이전처럼 직급에 얽매일 것이 아니라 가까이 앉은 사람이 자발적으로 할 수 있도록 한다.
- 업무 시간에 하지 못했던 편안한 소통의 장이 열리긴 하지만 정치

나 종교 등 민감한 화제를 꺼내는 일은 자제하도록 한다.

37

술이 부르는
실수의 종합선물세트

노기본 사원이 종종 사고를 치긴 해도, 자유로운 발상과 기획력은 입사 동기 중에서도 단연 독보적이었기에 회사 차원에서 노기본 사원의 사직서는 반려되었다. 게다가 신입이라 아직 프로젝트에 주도적으로 참여하는 수준이 아니므로 노기본 사원의 휴가 역시 계획한 대로 다녀올 수 있게 되었다. 노기본 사원이 휴가를 가기 며칠 전, 총 9명의 팀원들이 모여 팀 회식을 하기로 했다. 장소는 회사 근처 어느 치킨집. 노기본 사원은 공교롭게도 윤 과장과 팀장의 맞은 편에 앉게 되었다. 술이 몇 잔 들어가자 팀장은 그간 자신에게 서운한 것이나 불만이 있느냐는 질문을 던졌다. 그러자 노기본 사원은 "말해도 되나요?"라고 물었다. 그 순간 윤 과장은 가슴이 덜컥 내려앉았다. 노기본 사원은 그런 윤 과장의 마음도 모르고 살짝 취기가 오른 채로 천연덕스럽게 말했다. "팀장님 개그 진짜 재미없어요."

회식은 가족 외식이 아니라 함께 일하는 사람과의 식사다. 그러므로 예의와 매너에 각별히 신경을 쓰는 것이 좋다. 수저 놓기, 컵에 물 따르기, 고기집이면 고기 굽기, 반찬 추가 요청하기 등 누구라도 먼저 주변을 둘러보며 할 일을 찾아서 하는 것이 좋다.

회식도 일종의 약속

- 회식 장소를 정할 때 못 먹는 음식은 미리 얘기한다.
- 회식 당일, 급한 일이 생겼다면 최대한 일찍 알린다.
- 오랜 시간 자리를 비우지 않는다.
- 귀가 시에는 미리 얘기를 하고 자리를 벗어난다.

술을 마실 때의 법도

술에 대한 명언은 많다. 사마천은 "술에는 성공과 실패가 달려 있으니, 엎어지도록 마시지 마라"고 했고, 유대인 격언에는 "악마가 인간을 찾아가기가 너무 바쁠 때는 대신 술을 보낸다"는 말도 있다. 그만큼 술은 약이 될 때보다는 독이 될 때가 많다. 특히 평상시에는 멀쩡히 일을 잘하다가도 술에 취하면 전혀 다른 모습을 보이는 사람이 있다. 회식을 끝으로 회사 사람들을 그만 볼 것이 아니라면 스스로 주사가 있다는 점을 인지하고 극히 조심하면서 회식 자리에 임해야 할 것이다.

원샷 전에 명심할 것

- 술에 취해 회사에 관련된 얘기를 큰 소리로 말하지 않는다.
- 이성 간에 성적 농담이나 불필요한 신체 접촉은 피한다.
- 주량껏 마신다. 주사가 있다면 특히 조절하자.
- 음주 후에는 택시나 대리운전을 이용하도록 한다.
- 음주 후 다음 날 지각하지 않는다.
- 술은 의사를 확인해 권하며 억지로 권하지 않는다.
- 술 마시는 속도는 주위 분위기에 맞추어 홀로 폭주하지 않도록 한다.

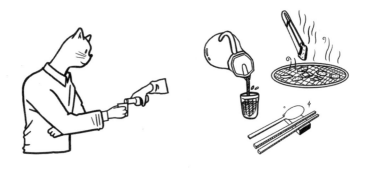

38

로마 황제처럼
와인을 마시면 안 되는 이유

유식탐 과장은 질보다는 양을 추구하고, 무엇이든 가격 대 성능비가 중요하다고 생각하는 편이었기에, 마셔도 잘 취하지 않는 맥주보다는 도수가 높은 소주를 좋아했다. 그러다가 처음으로 '와인바'라는 곳을 가보게 되었다. 제법 출세한 사업가 친구가 한턱을 내겠다며 삼겹살집도, 뼈해장국집도 아닌 와인바로 그를 안내한 것이다. 유식탐 과장은 친구가 사주는 술이라 기분 좋게 들이키면서도, 어째서 한 병을 다 마셔도 취하지 않는 것인지 의문이 들었다. 그렇게 흥겨운 시간을 보내고 난 뒤 자리에서 일어나면서부터 유식탐 과장의 기억은 저 멀리 사라졌다. 깨어나 보니 집이었고, 머리가 깨질 듯이 아팠다. 알고 보니 와인은 정말 무서운 술이었다.

와인을 즐기는 사람들이 늘면서 이제는 캐주얼한 이탈리안 레스토랑이나 고깃집에서도 심심찮게 와인을 제공하고 있다. 그리고 생일 파티 등 특별한 날에 와인으로 기분을 내는 게 이제는 어색하지 않은 시대가 되었다. 아마도 향후 와인 소비량은 늘었으면 늘었지 줄지는 않을 것이다. 그렇지만 와인 매너에 대해서는 아직 잘 모르는 사람들이 많다. 이제 와인을 제대로 마시는 방법에 대해 알아보자.

와인 마시는 법

- 와인은 색상에 따라 보통 레드와인, 화이트와인, 로제와인으로 나눈다.
- 맛에 따른 분류로는 단맛이 없고 식욕 촉진에 좋은 드라이와인(Dry Wine), 식사 중에 제공되는 테이블와인(Table Wine), 단맛이 있고 소화 촉진을 돕는 스위트와인(Sweet Wine)이 있다.
- 레드와인은 붉은빛 육류 요리에, 화이트와인은 생선이나 조개류, 로제와인은 양식 코스요리에 어울린다.
- 와인을 시음하는 테이스팅은 주로 모임을 주최한 사람이 한다.

- 마지막 한 방울까지 떨어뜨리기 위해 병을 한 바퀴 돌린다.

- 와인 잔에 3분의 1 정도 따른다.

- 와인 잔의 기둥(stem)을 잡는다.

- 와인의 색깔을 음미하고 잔을 흔들어 향을 맡고 마신다.

- 잔을 돌리는 것을 스월링(Swirling)이라고 하는데 방향은 안쪽(시계 반대 방향)으로 돌린다. 바깥쪽으로 돌리면 다른 사람에게 튈 수 있다.

- 와인은 원샷하지 말고 조금씩 나누어 마신다.

- 와인은 첨잔이 가능하다.

- 와인을 받을 때는 베이스(base)에 검지와 중지 손가락을 놓는다

- 더 이상 안 마시고 싶으면 잔 위에 가볍게 손을 얹는다.

흡연 매너

애연가들이 설 자리가 점점 좁아지고 있다. 어떤 경우에는 흡연 여부가 인사고과에 반영이 되기도 하니, 어찌 보면 담배를 끊는 것이 여러모로 신상에 좋은 일이지만 단번에 금연에 성공하는 것도 힘든 일이다. 요즘은 건물 자체가 금연 구역으로 지정된 곳이 많으므로 쾌적한 흡연을 위해서는 흡연 구역과 금연 구역을 미리 확인해두는 것이 좋다. 흡연 후 담배꽁초는 꼭 휴지통에 버리고 냄새를 줄이는 구강 청결제나 탈취제를 사용하여 다른 사람에게 불쾌감을 주지 않도록 한다면 센스 있는 흡연자가 될 수 있을 것이다.

긴 휴가 후에는 초콜릿이라도 돌려보자

모두가 쉬는 기간에 다녀온 휴가는 별도의 선물을 하지 않지만 연차를 이용해 다녀온 며칠 이상의 휴가인 경우에는 다녀온 후 간단한 선물로 인사를 드리는 것이 좋다. 여행 다녀온 곳의 특산물이나 커피, 초콜릿, 쿠키 등의 간단한 음식, 지역이나 나라의 특색을 담은 작은 기념품도 괜찮다. 친한 선배나 동료인 경우에는 평소 관심 분야나 수집 취미 등을 알고 있다면 센스 있게 맞춤으로 선물하면 효과는 배가 될 것이다. 유명 관광지에서만 볼 수 있는 컵이나 냉장고에 붙이는 해당 지역의 상징물 등도 좋다.

인생에서 호텔이 처음이라면

호텔 이용 전에 챙기고 확인해야 할 것들이 있다. 우리나라와 다른 시스템과 서비스가 있을 수 있으므로 예약 때부터 꼼꼼히 살펴보는 게 좋다. 객실 내 샴푸, 비누 등 비치되어 있는 용품의 종류를 확인해 미리 챙겨가야 할 것들을 확인하고 어댑터도 우리나라와 다를 수 있으므로 확인한다. 호텔에 도착해서는 식사시간 및 부대시설 이용 방법을 알아보고 업무상 사용할 수 있는 컨시어지 서비스도 파악해 두는 게 좋다. 정장을 가져갔는데 세탁이 필요하다면 유료로 세탁 서비스를 이용할 수 있으며 아침에 예상한 시간에 못 일어날 것 같다면 모닝콜 서비스를 이용하는 것도 방법이다. 또한 호텔에서 업무 장소까지 대중교통을 이용해야 하는 경우에는 교통편도 미리 알아두는 게 좋다. 선배와 같은 방을 써야 한다면 선배의 편의를 우선적으로 배려하는 게 낫다.

회식 문화도 진화한다

퇴근 후의 삶, 워라밸을 중요시하는 젊은 세대의 니즈를 반영해 회식 문화도 바뀌고 있다. '회식(會食)'이라는 단어 자체에 초점을 두어 모여서 함께 음식을 먹는 것에 집중하는 추세다. 술을 즐기지 않는 직원들을 위해 회식을 퇴근 후가 아니라 점심에 하는 경우도 있고 저녁 식사를 간단히 하고 연극, 뮤지컬, 영화 감상 등의 문화생활로 회식을 하는 경우도 있다. 음주를 곁들인 회식을 한다면 예전처럼 2차, 3차를 의무적으로 시행하는 게 아니라 보통 1차에서 마무리하고 늦어도 10시나 11시에는 귀가할 수 있도록 회식 가이드라인을 선정해 관리하기도 한다. 금융권에도 변화의 바람이 불고 있다. '싹 바뀐 회식 문화 2020: 2차 없이 20시!', ''1899'는 OO은행의 창립연도이자 '회식은 1차만, 8~9시에 끝내는 것이 9OOD(굿)입니다', '한 장소에서 1차만 오후 9시까지 하자'는 119 제도 등의 슬로건을 내세우며 달라진 회식 문화를 반영하고 있다.

제7장

—

가야 할지
말아야 할지
늘 고민이라면

_경조사 매너

39

본전 생각하지 말고
축하는 화끈하게

진우아 대리는 5월에 예식 일정을 잡아놓고 예비 신부로서 결혼식 준비에 여념이 없다. 회사 생활과 병행하려니 몸이 열 개라도 모자라지만 틈틈이 웨딩 화보 촬영도 하고, 예식장도 예약했다. 한 달이 남은 시점에서는 청첩장도 돌렸다. 모든 것이 완벽했다. 드디어 예식 당일, 축하를 해주러 온 회사 직원만 해도 50명이 넘었다. 그런데 한 가지 문제가 있었다. 예상 하객의 수보다 훨씬 많은 이들이 결혼식장을 찾으면서 웨딩업체 측에서 준비한 뷔페 음식이 조기에 동이 난 것이다. 진우아 대리는 그 사실을 신혼여행까지 다녀오고서야 주위 사람들을 통해 듣게 되었다. 진우아 대리는 고민 끝에 통 큰 결정을 내렸다. 답례품으로 흔히 돌리는 양의 2배 정도 되는 크기의 떡을 돌리며 죄송한 마음을 전한 것이다.

일부러 시간을 내서 경조사에 참석한다는 것이 부담스러울 때도 있지만, 더불어 살아가는 사회에서 서로가 기쁨을 나누고 아픔을 보듬어주는 일에 인색하면 결국 내가 힘들거나 축하를 받아야 할 순간에 쓰디쓴 외로움을 맛보게 될지도 모른다. 세상사 돌고 돌기 때문이다. 그러므로 경조사 매너를 잘 지켜서 진심을 다해 축하 또는 위로를 건네도록 하자.

슬슬 결혼적령기로 진입하는 사회 초년생일수록 청첩장 또는 모바일 청첩장을 받는 일이 많아지기 마련이다. 그러나 하객으로 참석하는 결혼식에서 빈틈없는 매너로 축하의 마음을 건네기는 생각보다 쉽지 않다. 여성 하객의 경우 신부의 웨딩드레스보다 화려한 옷을 피하는 것은 일종의 불문율이 되고 있다. 그 외에 유념해야 할 결혼식 매너에 대해 알아보자.

결혼식에 참석할 때는 적어도 캐주얼 정장 이상은 입어야 한다.
정시보다 미리 도착해 혼주나 신랑 신부에게 직접 축하 인사를 건네는 게 좋다.
인사만 하고 본식을 건너뛰고 식사를 하기보다는 마음을 다해 전 과정에 참석하자.
가까운 직장 동료라면 축의금보다는 필요한 물품으로 축하 선물을 해주는 것도 좋다.

- 축의금은 회사 내 동료나 상사라면 부서나 팀별로 일정 금액을 모아서 하는 게 좋다.

- 회사에서 결혼 소식을 들었을 때 참석 여부로 고민이 된다면 주변 분위기를 보고 결정하는 게 좋다. 안면이 있고 자주 볼 사이라면 결혼식에 참석해 직접 축하해주는 게 좋고 서로 이름 정도만 아는 사이라면 전달받은 계좌로 축의금을 보내는 등 눈치껏 하면 되겠다.

청첩장을 돌릴 때 고려할 점

- 최소 한두 달 전에는 결혼 시기를 알리고 한 달 전에 청첩장을 돌리는 것이 좋다.

- 은사나 각별한 친척, 오랜 친구 등에게 청첩장을 돌릴 때에는 식사나 차를 대접하며 직접 청첩장을 전달한다.

- 멀리 있는 이에게 온라인 청첩장을 보낼 때에는 청첩장만 덩그러니 보낼 것이 아니라 통화라도 하면서 인사를 주고받는 것이 좋다.

- 큰 회사라면 옆 부서에 안 친한 사람들에게 일괄적으로 청첩장을 돌려야 할지 망설여지는 경우가 생긴다. 그럴 때는 팀 내 사람들에게는 일괄로, 그 외 사람들에게는 한 번이라도 식사를 했던 사람 등 기준을 세워서 조심스레 전달하는 것이 좋다.

- 청첩장 겉봉투에 받을 사람의 이름을 정성껏 적어서 기계적으로 돌리는 듯한 느낌을 최소화한다.

파티라니, 낭만적이지만 어딘지 어색해

우리나라에 파티 문화가 도입된 건 길지 않은 일이다. 파티라고 하면 사실상 미국 드라마에서나 볼 듯한 그러한 분위기를 연상시킬 수 있으나 요즘은 창립기념일 행사를 창립 파티라고 하여 일부 회사에서 진행하는 경우가 있다. 창립 파티 주관 부서라면 파티 전부터 당일까지 즐길 수 있는 여유가 없겠지만 창립 파티는 전체 회사 사람들을 만날 수 있는 좋은 기회이므로 유쾌한 분위기 속에서 소통할 수 있도록 노력한다. 앉아 있기보다는 자신감 있고 적극적인 자세로 인사하고 대화를 나누도록 한다. 파티에서 나눌 대화 소재를 미리 준비하여 어느 모임이든 문제없이 소통하면 더욱 좋을 것이다.

만약 연말 파티나 할로윈 파티의 경우에는 드레스코드가 있을 수 있으므로 파티의 분위기를 선배를 통해 파악하여 센스 있게 준비하는 것도 좋은 방법이다.

40

부고가 뜨면
내적 갈등이 시작된다

기쁜 날보다도 슬픈 날 함께하는 사람이 고맙고 더 기억에 남는다. 슬픔을 나누면 반이 되기 때문일 것이다. 비록 당사자만큼 절절하게 망자를 떠나보낸 아픔을 느낄 수는 없다 하더라도 장례식장에서 적절한 매너로 위로의 마음을 건넨다면 그보다 더 큰 위안이 될 수는 없을 것이다. 장례식은 종교나 규모에 따라 조문 방법에 다소 차이가 있는데, 상사를 보고 따라할 수도 있겠지만 미리 장례 매너에 대해 알아두는 것이 좋다.

장례식 매너

검정색 계열의 의상을 착용해야 한다. 자주 장례식에 참석하는 자리에 있다면 회사에 장례식 의상을 한 벌 정도 비치해 놓는 것도 방법이다.

부득이한 경우 장례식장에 못 간다면 문자나 전화로 위로의 말을 전한다.

모자나 외투는 빈소에 들어가기 전에 벗는다.

여성의 경우 화려한 액세서리나 화장은 금한다.

유족이 먼저 말하지 않는 한 사망 원인에 대해 상세히 묻지 않는다.

오랜만에 만나는 사람을 보더라도 큰 소리로 부르거나 떠들지 않는다.

과음하지 않는다.

조문 순서

① 빈소에 들어가 상주에게 차분히 목례한다.

② 영정 앞에 분향한다. 향은 입으로 불어서 끄지 않고 손으로 부채질

해서 끈다.

③ 영정 앞에 국화가 놓인 경우 고인을 향해 헌화한다.

④ 종교에 맞추어 전통 장례일 경우에는 재배하고, 기독교 조문객은

기도한다.

⑤ 전통 장례는 상주와 맞절을 하고 기독교 조문객은 목례를 한다.

⑥ 애도의 말을 전한다.

⑦ 조의금을 접수처에 내거나 조의금 함에 넣는다.

상을 당했을 때

① 근무 중 또는 집에서 부모나 가까운 친지의 임종을 알게 된 즉시

하던 일을 멈추고 회사의 직속 상사에게 알린다.

② 마음의 여유가 없는 상황이지만 회사 내규에 따라 정해진 기간 동

안 자리를 비울 것을 대비해 급히 처리해야 할 일들을 회사에 알린다.

③ 상조회사 등을 통한 절차에 따라 장례식장을 정한 뒤에 회사에 위치를 공유한다.

④ 회사에서 온 조문객을 맞이할 때 예와 정성으로 감사의 마음을 표한다.

⑤ 장례 절차를 마치고 회사에 복귀할 때 다시 한 번 감사 인사를 드린다.

41

한 번쯤은
꼭 가게 되는 병문안

신우아 사원은 평소 친하게 지내던 입사 동기 정혼란 사원에게 사내 메신저로 말을 걸었는데 답이 없어 그의 자리를 살폈다. 기반도 사람도 없는 걸음 보니 아직 출근을 하지 않은 게 분명했다. 시간은 이제 막 10시를 넘기고 있었다. 어젯밤에 술을 마시고 늦잠을 잤겠거니 여기고 있는데, 점심 무렵 정혼란 사원이 교통사고를 당했다는 소식을 팀장을 통해서 듣게 되었다. 다행히 생명에는 지장이 없었지만 정밀 검사 및 회복을 위해 2주간 입원을 해야 한다고 했다. 신우아 사원은 그날 저녁, 회사 사람들 몇몇과 함께 정혼란 사원이 입원한 병실을 찾았으나 그는 자리에 없었다. 침대에서 정혼란 사원을 기다리고 있는데 어디선가 정혼란 사원이 병원 내 매점에서 산 음료들을 잔뜩 품에 안고 병실에 들어섰다. "다친 거 맞아?" 하고 누군가 정혼란 사원에게 묻자 정혼란 사원은 "아이고 어이쿠" 어색하게 한 손으로 허리를 잡으며 아픈 표시를 내며 침대로 와서 누웠다.

때로는 지병 때문에, 때로는 불의의 사고로, 때로는 출산 등으로 병원에 입원한 동료나 상사, 후배를 위해 병문안을 가야 할 때가 있다. 그런데 병문안에도 매너가 필요하다. 환자의 상태에 따라서 지켜야 할 매너에는 차이가 있기 때문에 병문안을 가기 전에 미리 상황을 파악하고 찾아가는 게 좋다.

큰 수술을 하거나 출산을 한 경우에는 아주 가까운 사이가 아니라면 바로 찾아가기보다는 일정 시일을 두고 문병한다. 수술의 경우에는 2~3일, 출산의 경우에는 삼칠일이 지난 21일 후에 방문하는 게 좋다. 병원에서 문병 시간을 제한하거나 환자가 검사나 치료를 받아 못 만날 수 있으니 사전에 가능 시간을 확인하는 게 좋다.

- 면회가 어려운 상태라면 보호자라도 만나 마음을 전하는 게 좋다.
- 병문안 시 꽃을 선물하는 것은 좋지 않다.
- 음료수나 과일 등 필요한 게 있는지 물어보는 게 좋다. 이때 보호자를 위한 간식거리 등을 챙기는 것도 센스 있는 방법이다.
- 병실에 들어갈 때는 손을 씻거나 소독한다.
- 병실에 다른 환자들이 있다면 시끄럽게 하지 않는다.
- 오랜 시간 머무르면 환자가 피곤할 수 있으므로 병문안은 간단하게 한다.
- 아플 때는 무심코 뱉은 상대방의 말에 쉽게 상처받을 수 있다. 병문안 자리에서는 긍정적이고 희망적인 말을 하자.

돌잔치, 가야 할까 말아야 할까

큰 규모의 회사에서는 사람 수가 많은 만큼 경조사 관련해서 이래저래 챙겨야 할 것들이 많다. 특히 결혼을 많이 하는 봄 시즌이면 축의금 부담만 해도 만만치 않은 경우가 생긴다. 연봉은 오르지 않는데 적정 축의금 액수는 자꾸만 상승 곡선을 타기도 한다. 게다가 결혼을 했다고 해서 끝이 아니다. 최근에는 가족 및 친지들만 모셔서 조촐하게 치르기도 하지만, 돌잔치의 압박도 무시하지 못한다. 이때 친분이 두텁거나 직접 초대를 받은 경우에는 얼굴을 내비치는 것이 좋지만, 모바일 초대장만 받은 경우에는 가야 할지 말아야 할지 판단이 서지 않는다. 참석하기에는 애매하고 안 가자니 섭섭해할 것 같은 경우라면, 직접 가는 대신 별도의 선물을 준비하는 것도 한 방법이다. 사내에서 축의금을 걷어 돌반지로 대신하는 경우도 있다.

제8장

—

지구는 둥그니까,
비즈니스도
둥글게

_글로벌 매너

42

비행기 타고 날아온
손님맞이

조신사 사원은 비록 입사한 지 1년이 채 되지 않았지만 영어 통역사 역할로 미국 바이어와의 미팅에 합류하게 되었다. 여름이지만 꼭 정장을 착용하라는 부장님의 말씀에 재킷까지 챙겨 입었다. 초조한 마음으로 미팅 날을 기다리던 조신사 사원은 걱정과는 달리 매끄러운 통역 실력으로 미팅을 마무리지었다. 다음 일정은 레스토랑에서 식사를 하는 것이었다. 조신사 사원은 테이블에 착석해 재킷을 벗었다. 그런데 미국 바이어들의 눈빛에 순간 당황한 기색이 역력했다. 조신사 사원이 재킷 속에 반팔 셔츠를 입고 있었던 것이다. 조신사 사원은 미국의 비즈니스맨들이 무더운 하절기에도 반팔 셔츠를 입지 않고 긴 셔츠를 입는다는 것을 몰랐다.

한 사람의 사고와 행동, 몸짓과 성격에는 그 사람이 속한 나라의 문화가 지대한 영향을 미치기 마련이다. 크게 보면 동양권의 나라들이 다 비슷비슷해 보이지만 각 나라의 국민성이나 생활상에는 적지 않은 차이가 있다. 하물며 비행기를 타고 열 시간 이상을 날아가야 하는 나라들은 말할 것도 없다. 비즈니스 관점에서 나라별로 기억해두어야 할 것들에 대해서 알아보자.

중국

중국인들은 체면을 중시하기로 유명하다. 자국 중심의 역사관이나 사고방식이 묻어나는 '중화사상'을 통해 알 수 있듯이 국가에 대한 자부심이 강한 상대이니만큼 그에 맞는 비즈니스 매너가 필요하다.

- 중국은 장기 연휴 기간이 있으므로 사전에 가능 날짜를 확인한다.
- 방문 시 정성을 담은 선물을 준비하자.
- 선물을 줄 때 세 번 정도는 거절하는 게 예의이므로 계속 권한다.
- 중국 내에서 종교 선전이나 선교 활동의 제한이 있으므로 조심한다.
- 영어로 비즈니스 하는 게 어려울 수 있으므로 중한 통역가를 대동한다.
- 야근을 별로 안 한다.

일본

일본인들은 여러모로 우리에게는 멀고도 가까운 비즈니스 상대다. 비록 정치적으로는 불편한 관계이지만 한 해 동안 우리나라와 일본을 오가는 여행객만 해도 어마어마한 수에 이르기 때문에 중요한 비즈니스 상대라고 할 수 있다.

적어도 2주 전에 약속을 잡는다.
약속을 철저하게 지킨다.
화려하지 않은 정장 착용이 기본이다.
고개를 숙이고 인사할 때 상대방과 비슷하게 숙이며 먼저 허리를 펴면 실례다.
인사 후 명함을 교환한다.

- 친한 사이를 제외하고는 성(性)을 부르는 게 일반적이므로 성 다음에 '상(한국의 '씨')'을 붙여 호칭한다. 또는 성 뒤에 직책을 붙여 부른다.
- 회사의 규모나 실적을 중요시하므로 홍보할 수 있는 카탈로그를 전달하면 유리할 수 있다.
- 일본인은 대화 시 상대방이 하는 말에 습관적으로 고개를 자주 끄덕이므로 내가 하는 말을 모두 이해했다고 생각하면 오산이다. 중요한 내용은 꼭 재차 확인해야 한다.

베트남

베트남 사람들은 자존심이 세다. 미국과 프랑스 등 강대국을 대상으로 저항한 역사에 대한 자부심이 있지만 반대로 경제적 낙후에 대해서는 자존심을 상해한다. 베트남 사람들을 대할 때에는 무시하는 듯한 언행을 보이면 안 되며 가능한 역사와 전통에 대하여 칭찬하는 게 좋다.

- 의사결정 시간이 오래 걸린다. 공기업이 절반 이상이고 의사결정에 신중한 편이다.
- 비즈니스 파트너의 첫인상을 매우 중요시한다.
- 베트남 사람들은 직설적으로 상대에게 'No'라고 하는 것은 결례라고 생각하기 때문에 구두상의 'Yes'를 신뢰하지 말고 문서 계약으로 진행해야 한다.
- 전쟁 이야기는 피한다.
- 고급스러운 고가 브랜드의 선물을 선호한다.

- 권하는 차나 음식을 거절하는 것은 무례한 행동이다.
- 법정 공휴일 근처 기간이나 연말~연초(구정 2월), 4월 말과 5월 초를 제외한 3월~11월까지 출장 기간으로 좋다.
- 미팅 시간은 가능한 오전 시간에 잡도록 한다.

말레이시아

최근 매년 경제적인 협력 관계에 대한 움직임이 있다. 말레이시아에서는 한류 문화의 영향으로 한국에 대한 관심이 증대되었다. 한국어가 말레이시아에서 다섯 번째로 중고등학교에서 공식 제2외국어로 지정된 만큼 한국어에 대한 열풍도 있다.

- 미팅 전 기술 사양이 적힌 카탈로그와 샘플을 충분히 준비한다.
- 식사 약속 전에 상대방의 종교를 확인하여 음식 메뉴를 선정하도록 한다.
- 말레이시아 사람 이름은 길고 발음하기가 어려우므로 가능하면 만

나기 전에 미리 연습해 두는 게 좋다.

■ 말레이시아 사람들은 보통 이름 앞에 작위를 나타내는 칭호로 다
토(Dato), 다툭(Datuk), 탄 스리(Tan Sri) 등이 있으면 붙이는 것을
좋아한다.

■ 종교에 따라 조심스러운 선물이 있으므로 장신구, 필기구 등 비교
적 무난한 선물로 준비한다.

미국

미국은 영화나 드라마를 통해 비교적 익숙한 나라이다. 즐겨 보던 미드
나 헐리우드 영화를 떠올리면서 미국인들이 어땠는지를 상기해보자.

■ 약속 시간은 철저히 지킨다.

■ 캐주얼 복장이 발달한 문화라도 비즈니스 미팅에서는 정장을 착용
한다.

■ 하절기에도 반팔 셔츠는 입지 않는다.

- 여성을 배려하는 문화라는 것을 잊지 않는다.
- 다인종, 다종교 문화로 인종이나 종교에 대한 비판적인 발언은 하
  지 않는다.

프랑스

프랑스인은 개성이 강할 뿐만 아니라 자국어와 음식에 대한 사랑이
크다. 그러므로 기본적인 프랑스 문화와 음식에 대한 사전 정보를 알
아두는 게 도움이 될 것이다.

- 2주~1달 전에는 약속을 잡아야 한다.
- 약속은 철저하게 지켜야 한다.
- 프랑스인은 대화가 직설적이고 의사가 분명하다.
- 논리적인 커뮤니케이션에 강하다.
- 성 앞에 무슈(Monsieur) 또는 마담(Madame)을 붙여 호칭한다.

독일

독일인은 검소하고 질서를 잘 지키기로 유명하다. 그러므로 비즈니스 상대로 독일인을 만났다면 흐트러지고 유연한 모습보다는 깍듯한 모습으로 대하는 것이 좋겠다.

- 약속을 매우 중요시한다.
- 미팅 약속을 최대한으로 지키기 위하여 신청 시 보통 3~7일 정도 검토 후에 확답이 온다.
- 2주 ~ 1달 전에는 약속을 잡아야 한다.
- 늦은 오후 시간에는 일 안 하는 사람이 많아 약속은 그 전에 잡는 게 좋다.
- 보통 성 앞에 남성은 헤르(Herr), 여성은 프라우(Frau)를 붙여 호칭한다.
- 대화 중에 과거사나 정치는 민감할 수 있으므로 주의한다.
- 비즈니스 상대를 집에 초대하는 것은 드문 일이나 만약 초대를 했다면 대단한 친밀감을 표시하는 것이다.

영국

영국인들은 전통을 존중하고 보수적인 경향이 있다. 신사의 나라이지만 인종 차별이 심한 나라이기도 한 만큼 다양한 상황에 대비하는 것이 좋다.

- 복장은 검정색, 감색, 짙은 회색 등 어두운 색을 입는다.
- 대중교통 시설은 오래되고 낡은 편이라 여유 있게 이동하는 게 좋다.
- 영국인들은 제3자를 통해 소개받는 것을 좋아하는데 그렇지 못할 상황에서는 스스로 소개한다.
- 성 앞에 미스터(Mr.) 또는 미스(Miss)나 미세스(Mrs.)를 붙여 호칭하나 작위를 받은 남성은 'Sir', 부인은 'Lady'라는 호칭하며 작위를 받은 여성의 경우 'Dame'을 붙여 호칭한다.
- 연장자를 존중하며 여성을 배려한다.
- 유럽연합에 대해 말하는 것은 주의해야 한다.

43

로마에 가면
로마 식당에서 주는 대로 먹기

일본에 출장을 가게 된 조신사 사원은 다소 느긋한 마음으로 현지 바이어들과의 미팅에 임했다. 특히 식사 같은 경우에는 현지 초밥을 맛볼 수 있으리라는 기대 감에 젖어 있었다. 일본의 음식문화는 이미 한국에 꽤 많이 알려져 있었고, 거리마다 일본식 밥집과 술집이 한두 곳은 꼭 있을 정도로 친숙했기 때문이다. 미팅을 마치고 술집에 가게 된 조신사 사원. 그런데 문제는 김 부장님이었다. 오래된 술자리 문화에 익숙한 김 부장님이 조금 취하자 자신이 먹었던 잔을 바이어에게 건네며 술잔을 돌리려고 한 것이다. 일본 바이어는 당황한 듯 김 부장이 건넨 술잔을 거절했다. 조신사 사원은 어색하게 웃을 뿐이었다. 미팅을 마치고 한국으로 돌아오면서 김 부장은 혹시 자신이 실수한 것이 없냐며 조신사 사원에게 물었다. 김 부장은 그때 일을 기억하지 못하고 있었다.

비즈니스 자리에서 식사를 같이 한다는 것은 단순히 배를 채우는 의미로 국한되지 않는다. '겸상'을 한다는 것은 마음을 터놓고 서로의 유대관계를 확인하는 자리이기도 하다. 그러므로 상대에 대해 얼마나 성심껏 만남을 준비했는지가 확연히 드러난다.

중국

- 중국은 국토가 광대하여 지역마다 식생활 문화가 다를 수 있으니 식사 전에 금기 사항이 있는지 물어보는 게 좋다.
- 음식을 조금 남기는 게 예의이다.
- 식사 중에 젓가락 사용을 안 하면 접시에 올려놓고, 식사를 마치면 받침대 위에 올려놓는다.
- 비즈니스 자리에 술이 빠지지 않는다.
- 상대방의 잔에 항상 술이 있도록 첨잔한다.

일본

- 상반신을 숙여 먹지 않는다.
- 밥그릇은 왼손으로 들고 오른손 젓가락으로 먹는다.
- 숟가락 사용은 안 하므로 젓가락으로 국물의 건더기를 먹고 국물은 마신다.
- 밥과 국그릇 뚜껑은 뒤집어 놓지 않는다.
- 생선회를 작은 접시를 받치고 입으로 가져가 먹는다.
- 밥을 남기면 더 먹고 싶다는 뜻이다.
- 음식을 먹을 때 소리를 내지 않아야 하나 메밀국수는 예외이다.
- 상대방의 술잔이 비어있으면 무심하다고 생각하므로 첨잔한다.
- 술자리에서 잔을 안 돌린다.
- 후식을 나오는 차는 향을 먼저 맡고 왼손으로는 찻잔을 받치고 오른손으로는 찻잔을 들어 마신다. 다 마신 후에는 뚜껑을 덮는다.
- 물수건으로 얼굴을 닦거나 식사 중에 이쑤시개를 사용하는 것, 젓가락을 식기 위에 두는 것은 좋은 매너가 아니다.

베트남

■ 다른 동남아시아 나라들과 달리 이슬람교의 현지인들은 소수이므로 음식에 대한 제약은 별로 없다.

■ 불교의 영향으로 매월 음력 15일 또는 그 외 특수 일에 채식하는 사람들이 있다.

■ 베트남은 상대방이 술을 마실 때마다 계속 따라주어 꽉 찬 상태로 만들어주는 문화가 있다.

말레이시아

■ 말레이시아는 말레이계, 중국계, 인도계 등 다인종으로 구성된 국가로 사전에 종교를 확인해 식습관을 조사하는 게 좋다.

■ 이슬람교에서는 돼지고기와 돼지고기가 함유된 모든 음식이 제한되고 음주도 금지하고 있다.

■ 힌두교의 영향으로 중국계와 인도계는 소고기를 먹지 않는 경우도 있다.

■ 닭고기가 인종과 종교에 무관하게 가장 무난한 요리이다.

■ 현지인들이 오른손을 이용해 식사하는 것을 자주 볼 수 있다. 불결하다는 눈빛으로 쳐다보지 않도록 주의한다.

미국

■ 레스토랑에서 약속을 할 경우에는 테이블 매너를 숙지하여 결례하지 않도록 한다.

- 식사 중에 대화하는 게 일반적이다.
- 식사 중에 전화를 받는 것은 무례하게 보일 수 있다.
- 코는 식사 중에 훌쩍거리기보다는 푼다.

프랑스

- 프랑스인은 식사 중에 대화를 많이 하며 즐기는 편이다.
- 테이블 매너를 중요시하는 만큼 주의한다.
- 식당에서는 직원의 안내에 따라 착석한다.
- 손을 테이블 위에 두고 무릎에는 두지 않는다.
- 생선 요리를 먹을 때 손으로 뼈를 발라내지 않는다.

독일

- 독일인 중에는 채식을 하는 사람이 많으므로 사전에 확인한다.
- 식사 중에 소리 내어 먹는 것은 상당한 실례이다.

- 코를 푸는 것은 괜찮다.
- 입안에 음식이 있는 상태에서는 말하지 않는다.
- 음식이나 술을 한 번 거절했다면 재차 권하지 않는다.

영국

- 영국의 음식 문화는 크게 발달하지 않았다.
- 커피보다는 홍차를 즐긴다.
- 음식을 돌릴 때는 왼쪽부터 돌린다.
- 아침을 든든하게 먹고 점심은 샌드위치 정도로 먹는다.

44

작은 몸짓에
기분이 확 상할 수 있습니다

조신사 사원이 유창한 영어를 구사한다는 점은 많은 바이어들에게 호감을 사는 이유였다. 어느 나라를 가든지 대체로 영어를 잘하면 소통에는 무리가 없었다. 그런데 예외인 곳이 있었다. 바로 프랑스였다. 자국어에 대한 자부심이 강한 만큼, 프랑스 바이어들에게는 영어를 할 줄 아느냐는 질문 자체가 실례가 되었다. 그 외에도 독일 사람들 역시 영어보다는 자국어로 소통하기를 원했다. 조신사 사원은 언젠가 한국어의 위상이 높아져, 국내에서 거래를 하고자 하는 모든 외국인들이 한국어를 배워 한국어로 거래를 하게 되는 날이 왔으면 좋겠다는 생각을 했다. 상상만 해도 기분이 좋아졌다 말은 청산유수인데 어딘지 신뢰가 안 가는 사람이 있다. 그 이유는 언어 이상의 몸짓이 우리에게 경고의 신호를 보냈기 때문일 가능성이 크다. 그런데 몸짓도 나라마다 조금씩 차이가 있다. 내 입장에서는 좋은 의도로 행한 몸짓이 오해를 사는 일이 없도록 각국의 몸짓과 문화에 대해 알아보자.

나라별 중요한 몸짓 언어들

- 미국이나 유럽 : 손으로 입을 가리며 웃거나 대화하면 상대방을 무시하거나 진실하지 못한 것으로 생각한다.
- 독일 : 검지로 머리 윗부분 옆쪽을 톡톡 치며 가리키는 행동은 '멍청하다' 내지 '너 제 정신이냐'는 뜻으로 무례한 행동으로 받아들여진다.
- 사진을 찍을 때 흔히 쓰는 'V'는 보통 승리를 나타내지만 그리스에서는 외설적인 의미이며, 영국에서는 손등이 밖으로 보이면 외설적으로 해석한다.
- 브라질 : 'O.K'의 의미로 손가락을 동그랗게 만드는 모양은 브라질

에서는 외설적인 의미이다. 또한 한국에서는 욕이 될 수 있는 엄지 손가락을 둘째와 셋째 사이에 넣어 주먹을 쥐는 행동이 브라질에 서 'Figa'라고 하며 '행운을 빈다'는 의미가 된다.

- 우리가 흔히 엄지척이라고 하는 '최고'는 아프리카의 몇몇 지역과 그리스에서는 심한 욕을 의미한다.
- 아시아에서의 '이쪽으로 오라'는 제스처는 유럽과 아메리카에서 는 '가라'를 의미한다.

나라별 선물 문화

중국

- 포장지는 빨간색이나 금색으로 한다.
- 첫 만남에서 고가의 선물을 하면 뇌물로 생각할 수 있다.
- 특산품, 차, 소주 등이 선물로 좋다.
- 손수건, 시계, 우산, 하얀 꽃 등은 죽음과 같은 부정적인 의미를 주므로 선물로 부적절하다.
- 중국인은 받은 선물은 그 자리에서 열어보지 않는다.
- 축의금은 짝수로 한다.

일본

- 보통 거래처를 방문할 때 작은 선물을 준비한다.
- 선물은 짝수로 하고 개수가 4와 9는 되지 않도록 한다.
- 한국 음식(전통 차나 김)이나 기념품 선물을 좋아한다.
- 손수건, 칼은 선물하지 않는다.
- 일본인은 받은 선물을 앞에서 열어보지 않는다.

미국

- 돈은 뇌물로 생각하므로 주의한다.
- 가정으로 초대받았을 때에는 꽃, 화분, 과일바구니 정도가 무난하다.
- 식사 초대를 받은 거라면 선물로 와인이 좋다.
- 선물을 받았다면 감사카드를 보내는 게 예의다.

프랑스

- 비즈니스 자리에서는 보통 선물을 주고받지 않으나 작은 선물 정도는 괜찮다.
- 사람들 앞에서 선물을 푸는 게 일반적이다.
- 와인이나 초콜릿 혹은 한국 기념품도 좋다.
- 국화나 카네이션은 피한다.
- 문화와 패션에 개성이 있는 사람이 많으므로 기호품은 선물하지 않는 게 좋다.

독일

- 비즈니스에서는 보통 선물을 주고받지 않으나 작은 선물 정도는 괜찮다.
- 불길한 의미를 띠는 흰색, 검은색, 갈색 포장지는 피한다.
- 보통 사람들 앞에서 선물을 푸는 게 일반적이다.
- 이국적인 것에 관심이 많으므로 한국 전통제품이 좋다.
- 집에 초대를 받았을 때는 꽃이나 초콜릿 등을 선물한다.

- 장미, 카네이션, 흰 국화는 부적절하다.

영국

- 집에 초대를 받았을 때는 샴페인, 꽃, 초콜릿 등을 선물한다.
- 빨간 장미, 하얀 백합, 국화는 피한다.
- 비즈니스 상에서는 선물을 안 하는 게 좋다.

영어만 잘한다고 능사가 아니다

영어가 모국어인 경우도 있지만 다양한 민족으로 구성된 나라에서는 비즈니스 상 영어를 권장하거나 상거래 시 영어도 함께 통용되는 나라도 있다. 영어가 통용 가능한 나라는 인도, 나이지리아, 남아프리카공화국, 스리랑카, 르완다, 싱가포르, 케냐, 카메룬 등이다. 자국어를 선호하는 나라가 어찌 정해져 있을까? 아마도 비즈니스 미팅 시 상대방이 자국어로 인사를 건네고 대화까지 가능하다면 감동할 수밖에 없을 것이다. 자국어에 대한 애착이 강한 나라로는 잘 알려져 있다시피 프랑스이다. 독일도 때로는 자국어를 선호하는 사람이 있을 수 있으므로 사전에 확인하여 미리 통역을 준비하는 게 좋다.

김태균 그림

일러스트와 만화를 오고 가며 활발하게 활동 중인 일러스트레이터이다. 항상 재미있고 신선한 이미지를 만들기 위해 노력하고 있다. 《좋은 디자인은 내일을 바꾼다》, 《눈꺼풀》 등의 단행본 삽화 작업과 함께 〈매거진B〉, 〈Esquire Korea〉, 〈과학소년〉, 〈빅이슈코리아〉 등의 매체와 일러스트 작업을 했다.
Instagram: @KYOONART

20세기 회사 예절
21세기 사원 매너

초판 1쇄 발행 2020년 6월 1일
초판 2쇄 발행 2024년 2월 16일

지은이 신혜련
그림 김태균
펴낸이 신경렬

상무 강용구
기획편집부 최장욱 송규인
마케팅 박진경
디자인 박현경
경영지원 김정숙 김윤하

펴낸곳 ㈜더난콘텐츠그룹
출판등록 2011년 6월 2일 제2011-000158호
주소 04043 서울시 마포구 양화로12길 16, 7층(서교동, 더난빌딩)
전화 (02)325-2525 **팩스** (02)325-9007
이메일 book@thenanbiz.com **홈페이지** www.thenanbiz.com

ⓒ 신혜련 2020

ISBN 978-89-8405-993-1 03320

이 도서의 국립중앙도서관 출판예정도서목록(CIP)은 서지정보유통지원시스템 홈페이지(http://seoji.nl.go.kr)와 국가자료공동목록시스템(http://www.nl.go.kr/kolisnet)에서 이용하실 수 있습니다(CIP 제어번호: CIP2020019782).